Collection
PROFIL LITTÉRATURE
dirigée par Georges Décote

Série
PROFIL D'UNE ŒUVRE

Nouvelles de Pétersbourg

La Perspective Nevski
Le Portrait
Le Journal d'un fou
Le Nez - Le Manteau
(XIXe siècle)

NICOLAS GOGOL

Résumé
Personnages
Thèmes

CLAUDE DE GRÈVE
agrégée de l'Université
docteur ès lettres
professeur à l'université de Paris X-Nanterre

MARIANNE GOURG
agrégée de l'Université
docteur ès lettres
maître de conférences à l'École normale supérieure
de Fontenay-Saint-Cloud

HATIER

SOMMAIRE

 ISSN 0750-2516 ISBN 2-218 72483-9

Les références entre parenthèses renvoient à l'édition Gallimard, coll. « Folio Classique », de 1997.

Claude de GRÈVE a rédigé la fiche Profil, les repères biographiques et les chapitres 1, 4, 8, 9, 10, 11, 13, 16, 18, 19, 20.

Marianne GOURG a rédigé les résumés, les chapitres 2, 3, 5, 6, 7, 12, 14, 15, 17 et la bibliographie.

Fiche Profil

Nouvelles de Pétersbourg

NICOLAS GOGOL (1835-1852)

NOUVELLES XIXe SIÈCLE

RÉSUMÉ DU RECUEIL

Le recueil, constitué par Gogol en 1843, se compose de cinq nouvelles dont l'action est située à Pétersbourg, capitale de la Russie.

« La Perspective Nevski », nouvelle d'ouverture, offre en prologue un panorama de la vie pétersbourgeoise à travers les promeneurs de la Perspective Nevski, la plus grande avenue de la ville. La nouvelle raconte successivement deux aventures amoureuses. L'histoire amoureuse du jeune peintre Piskariov pour une belle prostituée tourne au tragique. Celle du lieutenant Pirogov, racontée sur le mode comique, aboutit, elle aussi, à un échec, mais dont le lieutenant se console de façon « inattendue » et amusante. En épilogue, Gogol tire la leçon de ces « deux aventures ».

« Le Portrait », nouvelle en deux parties, remet en scène des peintres. La première partie évoque l'étrange histoire de Tchartkov. Celui-ci, pauvre, désespéré de ne pas être reconnu dans le monde artistique, achète par hasard un tableau qui représente un mystérieux vieillard. Il invoque la fortune et le succès, et bientôt des pièces d'or, détachées du cadre du tableau, exauceront ses vœux. La vie du peintre change du tout au tout. Mais à quel prix ? C'est ce que nous raconte le nouvelliste dans le deuxième mouvement de la première partie.
La seconde partie, par l'intermédiaire d'un jeune peintre, explique l'origine du portrait maléfique et s'achève par une réflexion sur l'art.

« Le Journal d'un fou » cède la parole à un petit fonctionnaire, Poprichtchine. Celui-ci, soupirant malheureux de la fille de son directeur qui lui préfère un homme d'un grade plus élevé, sombre dans la folie. Cette nouvelle apparaît à la fois comme une description clinique de la folie et la satire d'une société.

« Le Nez », constitue la nouvelle à la fois la plus comique et la plus déconcertante du recueil. Un matin, un barbier trouve dans son pain le nez d'un de ses clients, Kovaliov. Ce fonctionnaire moyen mais ambitieux constate au réveil l'absence de son nez. Il entreprend aussitôt une série de démarches que Gogol narre en une suite de scènes très amusantes, personne ne paraissant étonné de l'aventure. Entre-temps, Kovaliov a rencontré son nez, en uniforme de haut fonctionnaire. Un jour, un gendarme rapporte son nez au malheureux héros. Mais, malgré l'appel au médecin, il ne parvient pas à le recoller. Enfin, tout rentrera dans l'ordre...

« Le Manteau », une des œuvres les plus célèbres de Gogol, apparaît, par contraste avec « Le Nez », comme pathétique. Un modeste copiste de ministère, Akaki Akakiévitch, l'hiver arrivant, doit faire réparer sa vieille pelisse. Mais son tailleur lui propose d'acheter un manteau neuf. Après une année de restrictions, Akaki étrenne son manteau. À la sortie d'une soirée destinée à fêter ce grand jour, Akaki est dépouillé de son manteau par des voleurs. Dans ses démarches pour récupérer son bien, il est repoussé de toutes parts. Il meurt seul, dans la misère. Mais un fantôme détrousse les passants...

PERSONNAGES PRINCIPAUX

– **Piskariov**, jeune peintre, héros de « La Perspective Nevski ».

– **Pirogov**, jeune lieutenant, héros de « La Perspective Nevski ».

– **Tchartkov**, peintre, héros de la première partie du « Portrait ».

– **Le père du peintre B*****, héros de la seconde partie du « Portrait ».

– **L'usurier**, héros des deux parties du « Portrait ».

– **Poprichtchine**, petit fonctionnaire, héros-narrateur du « Journal d'un fou ».

– **Kovaliov**, fonctionnaire moyen, héros du « Nez ».

– **Akaki Akakiévitch Bachmatchkine**, petit fonctionnaire, héros du « Manteau ».

THÈMES

1. La ville de Pétersbourg.
2. Le culte du grade, l'administration.
3. L'argent.
4. Le mal.
5. L'art.

AXES DE LECTURE

1. L'idéalisme romantique.
2. Le fantastique.
3. Le réalisme.

Repères biographiques

À la différence de la vie de nombreux écrivains, celle de Gogol apparaît comme vide du point de vue amoureux. Ses biographes n'ont relevé aucune présence féminine aimée dans l'existence de Gogol, excepté celle de sa mère. Le mystère plane donc quant aux penchants sexuels de l'écrivain. Une énigme reste également attachée à la mort prématurée de Gogol, à l'âge de quarante-trois ans. D'ailleurs, dès l'âge de dix-neuf ans, il se présentait lui-même comme une « énigme » (lettre du 1er mars 1828 à sa mère). De fait, il vécut essentiellement en fonction de son œuvre.

UNE ENFANCE UKRAINIENNE (1809-1828)

Gogol est né le 20 mars 1809 à Sorotchinsy, près de Poltava, en Ukraine. Ses parents appartenaient à la petite noblesse terrienne.

Il passe son enfance dans la propriété familiale de Vassilievski. De là, il se rend fréquemment à Kibinski, chez un cousin de sa mère, Dmitri Trotchinski, possesseur d'un théâtre privé. Il peut y voir jouer de petites comédies en ukrainien, écrites par son père.

En 1821, il entre au lycée de Niéjine. Il s'y montre un élève moyen, turbulent et d'un esprit mordant. Il organise un théâtre où il remplit à la fois les fonctions d'acteur, de décorateur et de metteur en scène. Néanmoins, il envisage plutôt une carrière administrative, « au service de l'État ».

En 1825, son père meurt. Seul homme de la famille, il devient l'appui de sa mère et de ses sœurs. Déjà ses lettres manifestent une tendance à moraliser et à prêcher.

À PÉTERSBOURG : VERS LE SUCCÈS LITTÉRAIRE (1828-1835)

En décembre 1828, il part pour Pétersbourg. Il publie un poème sentimental, *Hans Kuchelgarten*. Deux articles très sévères de la critique le poussent à récupérer tous les exemplaires et à les brûler.

Quant à ses rêves de servir l'État, ils ne se réalisent pas plus glorieusement. Il ne trouve que des emplois de petit fonctionnaire au ministère de l'Intérieur.

Entre-temps, il demande à sa mère de lui fournir des légendes populaires et des détails sur les mœurs de l'Ukraine. Il s'en inspire déjà pour écrire quelques contes qu'il publie dans les revues.

1831 fut une année décisive pour le jeune homme. Après avoir publié quelques fragments de récits historiques, des articles, des traductions, il démissionne du ministère. Pletniov, poète et critique, lui fait faire la connaissance du grand poète Pouchkine. Celui-ci décèle l'originalité du talent de Gogol, la peinture du détail.

En septembre 1831, paraît le premier tome des *Veillées du hameau*, recueil de contes fantastiques ukrainiens très colorés. Gogol connaît ses premiers succès littéraires auprès d'un public pétersbourgeois friand d'exotisme. En 1832, il publie le second tome des *Veillées*, où déjà perce une hantise du diable.

Entre 1833 et 1835, l'écrivain hésite entre plusieurs formes d'écrits : le récit littéraire, le théâtre et l'histoire. Il enseigne l'histoire à l'université de Pétersbourg, mais se lasse du métier. Ses recherches aboutissent en 1835 à la publication de deux nouveaux recueils : *Arabesques* et *Mirgorod*.

Arabesques est constitué de textes variés : des articles historiques, de pédagogie, de critique et surtout trois nouvelles inspirées de Pétersbourg : « La Perspective Nevski », « Le Portrait » (première version) et « Le Journal d'un fou ».

Mirgorod est présenté comme des « nouvelles servant de suite aux *Veillées du hameau* ». Le recueil contient « Ménage d'autrefois », le récit historique « Tarass Boulba » (première version), « Viï » (Le roi des gnomes) et « La Brouille des deux Ivan ». Le succès de Gogol se confirme, malgré les réserves des critiques conservateurs contre la trivialité des « Deux Ivan ».

LA PÉRIODE DES CHEFS-D'ŒUVRE (1835-1843)

La rencontre avec Pouchkine a été véritablement décisive. En 1835, le poète raconte à Gogol l'histoire d'un escroc qui acquiert un domaine après avoir acheté à bas prix des serfs (« âmes ») morts. Gogol commence à rédiger ce qui sera sa grande œuvre : *Les Âmes mortes*. Puis il demande à Pouchkine un sujet de comédie. Celui-ci lui narre l'histoire arrivée à un journaliste, pris pour un inspecteur du gouvernement. Gogol en fait le sujet de sa pièce *Le Revizor*.

En 1836, Gogol fait représenter *Le Revizor* en présence du tsar et de la haute société. La pièce obtient un succès de scandale. Les milieux conservateurs accusent Gogol de saper les bases de la société russe, alors que les libéraux le félicitent de ridiculiser des institutions branlantes. Gogol voit dans ces réactions politiques un malentendu.

Amer, il voyage beaucoup, en Allemagne, en Suisse, en France. Il poursuit la rédaction des *Âmes mortes*, sa première œuvre « considérable » selon lui (lettre du 31 octobre à Joukovski).

En 1837, il est affecté par la mort de Pouchkine (en duel). Il part pour Rome où il séjourne deux ans (1837-1839). C'est peut-être la période la plus heureuse de sa vie. Il continue de travailler aux *Âmes mortes*. Il fréquente de jeunes peintres. Il ne se convertit pas au catholicisme, comme des amis russes installés à Rome, mais il redécouvre sa propre foi orthodoxe.

En 1839, il est bouleversé par l'agonie du jeune comte Joseph Vielgorski, probablement le seul être qu'il ait aimé. Cependant il rédige la seconde version de *Tarass Boulba*, la seconde version du « Portrait » et une nouvelle version du « Nez ». Entre 1840 et 1842, il alterne de nombreux voyages entre la Russie, la Pologne, l'Allemagne, l'Autriche, l'Italie avec la rédaction des *Âmes mortes*. L'œuvre, selon lui, « devient de plus en plus profonde » et dictée par une mission d'« En Haut » (lettre du 5 mars 1841 à Aksakov).

En 1842 paraît la première partie des *Âmes mortes ou les aventures de Tchitchikov*. En 1843, Gogol publie ses *Œuvres* (à l'exception des *Âmes mortes*). Le tome III contient la seconde version du « Portrait » et un inédit, « Le Manteau ».

LES DERNIÈRES ANNÉES (1843-1852)

Gogol se consacre en premier lieu à la suite des *Âmes mortes* en sollicitant de plus en plus ses amis pour qu'ils l'aident matériellement. Il se charge de son amélioration morale et spirituelle en lisant de plus en plus de livres pieux et en jouant le directeur de conscience auprès de ses amis. Il en résulte un recueil de lettres, les *Passages choisis de ma correspondance avec mes amis* (1846). L'ouvrage, par son ton sermonneur et ses idées réactionnaires, atterre la plupart des amis de Gogol et des critiques.

Gogol vit désormais entre la torpeur et la fébrilité créatrice. Ses forces déclinent et, en 1851, un nouveau décès le bouleverse, celui de la sœur d'un ami, le poète Iazykov. Il se prépare à sa propre mort. Sous l'influence d'un moine fanatique, le père Matthieu, hostile à la littérature, il multiplie les prières et les jeûnes. Le 11 février 1852, il jette au feu, volontairement ou non, la suite des *Âmes mortes*.

Gogol meurt le 21 février 1852. Les causes exactes de sa mort n'ont pas été élucidées mais le refus de toute nourriture et de tous soins médicaux rapproche cette mort d'un suicide.

Résumé

L'action des nouvelles se situe à Pétersbourg dans la première moitié du XIXe siècle.

« LA PERSPECTIVE NEVSKI »

Le texte s'ouvre sur une évocation enthousiaste de la Perspective Nevski, principale artère de Pétersbourg et lieu de communication de toute la ville. Tous les habitants y passent aux différentes heures de la journée selon un ordre immuable. L'auteur décrit avec humour l'apparition à heure fixe des représentants des différentes classes sociales. Le soir venu, la Perspective est envahie de célibataires de tous âges en quête de bonnes fortunes.

Deux jeunes gens vont se détacher de la foule et suivre deux femmes, l'une brune, l'autre blonde. Le premier, Piskariov, est peintre de son état. Idéaliste, naïf et rêveur, il dote la belle jeune femme qu'il a remarquée de toutes les perfections. Un sourire deviné sur son visage le jette dans un état d'exaltation proche de la folie. Tout lui apparaît sous un aspect étrange et déformé. Enfin, il gravit un escalier à la suite de sa belle et se retrouve dans une maison de passe. En dépit de sa jeunesse et de sa beauté, la femme se révèle impudique, sotte et vulgaire. Piskariov s'enfuit. De retour dans sa modeste chambre, il fait un rêve qui lui montre la jeune femme transformée en grande dame, héroïne d'une fête somptueuse. Dès lors, Piskariov a recours à l'opium pour retrouver sa bien-aimée en rêve. Elle lui apparaît tantôt sous les traits d'une modeste paysanne, tantôt sous ceux d'une épouse aimante. Il décide de l'épouser et de la ramener dans le droit chemin. Sa demande en mariage est accueillie par des sarcasmes. Une semaine plus tard, on trouve Piskariov gisant dans son atelier la gorge tranchée.

De son côté, Pirogov a suivi la femme d'un artisan allemand, Schiller. Un jour, sachant le mari absent, il vient la voir et l'entraîne à danser. Schiller et ses amis surviennent, ivres, et le fouettent d'importance. Après avoir envisagé de faire envoyer ses agresseurs en Sibérie, Pirogov se console en mangeant des gâteaux et en passant une agréable soirée.

En conclusion, l'auteur s'étonne de l'étrangeté du destin et souligne le caractère fallacieux de la Perspective Nevski où rien n'est ce qu'il paraît et où « le démon lui-même allume les lampes uniquement pour faire voir les choses autres qu'elles ne sont ».

« LE PORTRAIT »

Cette nouvelle se compose de deux parties.

Première partie : Tchartkov, jeune peintre désargenté et talentueux, fait au Marché Chtchoukine l'acquisition d'un portrait ancien représentant un vieillard de type oriental. Ses yeux sont peints avec un extraordinaire réalisme et semblent vivants. La nuit qui suit son achat, Tchartkov fait une série de rêves. Le vieillard sort de son cadre et compte des pièces d'or. Il semble ensuite à Tchartkov qu'il avance les lèvres vers lui comme pour l'avaler. Le lendemain, le propriétaire de Tchartkov, en compagnie d'un commissaire de police, vient réclamer le loyer qui lui est dû. Un rouleau d'or de mille ducats tombe du cadre. Dès lors, Tchartkov devient un autre homme. Il vit dans le luxe que lui procurent les portraits convenus qu'il peint pour une clientèle mondaine. Mais le talent l'a fui. Il en prend conscience lorsqu'un de ses anciens camarades qui a voué sa vie au service exclusif de l'art envoie un véritable chef d'œuvre à l'Académie des Beaux-Arts. Dévoré de haine et de jalousie, Tchartkov emploie désormais son immense fortune à acheter des chefs-d'œuvre pour les détruire. Il meurt en proie à la démence et à des visions infernales.

Deuxième partie : Lors d'une vente aux enchères, les amateurs se disputent le portrait d'un Asiatique dont les yeux sont peints avec une force extraordinaire. Les prix s'envolent. C'est alors que l'un des assistants prend la parole pour conter l'histoire de son père. Elle commence par une longue évocation du modeste quartier de Kolomna où vivait jadis un usurier au teint basané et au costume asiatique. Les pires rumeurs couraient sur lui. Ceux qui avaient recours à ses services finissaient tragiquement. Les petites gens voyaient en lui le diable. Un jour, cet usurier demanda au père du narrateur, homme très religieux et peintre de talent, de faire son portrait. Celui-ci le commença mais dut l'abandonner après avoir peint les yeux malgré les protestations de l'usurier qui assurait que sa vie demeurerait dans le portrait. L'artiste éprouvait en effet un malaise inexplicable. L'usurier mourut le lendemain. C'est alors que la jalousie et l'envie prirent possession de l'âme du peintre et le forcèrent à commettre des actes vils. Ces sentiments passèrent dans ses tableaux, leur conférant un caractère blasphématoire. Il fallut au peintre plusieurs années de jeûne, de prière et de macération pour retrouver sa pureté spirituelle et créer un authentique chef d'œuvre.

Arrivé à la fin de sa vie, il livre à son fils, peintre lui aussi, son testament spirituel et lui demande de retrouver et de détruire le portrait maudit qui sème le malheur et le mal sur son passage. À ce moment, le narrateur s'interrompt pour se tourner vers le portrait... qui a disparu.

« LE JOURNAL D'UN FOU »

Le « Journal d'un fou » se présente comme une suite de notes. La première nous apprend que le scripteur, Poprichtchine, est fonctionnaire, qu'il a de mauvais rapports avec son chef de bureau, qu'il s'intéresse à la fille de son directeur et a surpris la conversation de deux chiens, dont l'un, Medji, appartient à la fille du directeur. Les notes suivantes nous montrent un Poprichtchine plein de respect et d'admiration pour son directeur. Ses lectures (le journal, *L'Abeille du Nord*) et ses goûts littéraires semblent extrêmement médiocres. Son chef de bureau le rabroue vertement car il trouve exagérées ses assiduités auprès de la fille du directeur. Poprichtchine exprime son cuisant déplaisir de n'être, bien que noble, qu'un petit fonctionnaire à qui le manque d'argent interdit de jouir de la vie et d'être considéré.

Les notes du journal soulignent au fil des jours l'insignifiance de la vie du héros. Il prend la décision d'intercepter la correspondance des chiens afin d'en savoir plus sur l'objet de sa flamme, la fille du directeur. Il se rend à cet effet chez la propriétaire de l'un des deux chiens et note sa sottise (elle a sans doute eu l'air étonné en apprenant que le visiteur désirait s'entretenir avec son chien). La correspondance des chiens est ensuite intégrée au journal. Elle parodie les romans sentimentaux. Poprichtchine apprend un certain nombre de détails sur la vie privée de son chef. Celui-ci souhaitait ardemment une décoration qu'il a enfin reçue. Sophie, sa fille, est visiblement éprise d'un certain Tieplov, gentilhomme de la chambre. Au fil des pages, Poprichtchine se reconnaît parmi les personnages dont il est question. Il est décrit comme un avorton dont les cheveux ressemblent à du foin ! Les jours passent et la cour de Tieplov se fait plus pressante. Poprichtchine laisse échapper sa rage et son désespoir. Il se refuse à être réduit à son grade de conseiller titulaire, s'insurge contre cette définition appauvrissante en laquelle il ne se reconnaît pas.

Dès lors, naît l'idée qui donnera naissance à la folie : devenir autre chose que ce que l'on est. Les notes des 3 et 8 décembre indiquent que la situation politique espagnole va fournir la solution à Poprichtchine. La note suivante porte comme date : An 2000. 43e jour d'avril. Elle indique une perte des repères temporels ainsi qu'une mégalomanie (les mois ont plus de jours que dans la réalité, Poprichtchine vit déjà en l'an 2000). Poprichtchine s'y autoproclame roi d'Espagne. Nous y apprenons par la même occasion que le cerveau humain n'est pas logé dans le crâne mais apporté par un vent qui souffle de la mer Caspienne. Poprichtchine attribue la frayeur de sa servante au fait qu'elle ne connaît pas de roi d'Espagne. Il a décidé de ne plus se rendre au ministère. Il y va néanmoins quelques jours plus tard (le 86e jour de Martobre !) et s'y conduit en roi d'Espagne. Une visite impromptue à la fille du directeur donne l'occasion d'un développement sur les femmes qui, assure-t-il, sont toutes amoureuses du diable. Un peu plus tard, Poprichtchine taillade son uniforme pour le transformer en cape.

À quelque temps de là, il se retrouve en « Espagne ». Tout le monde y a le crâne rasé. Poprichtchine reçoit des coups de bâton, on lui verse de l'eau froide sur la tête. Il s'agit bien entendu d'un hôpital psychiatrique. Poprichtchine y poursuit son délire en exposant notamment des théories extravagantes sur la lune soi-disant fabriquée à Hambourg et peuplée de nez. On continue de le brutaliser. La dernière page du texte est un cri de désespoir où le héros, grandi par sa folie, exprime sur le mode lyrique sa nostalgie d'une figure maternelle, son besoin de fuir une réalité insupportable.

« LE NEZ »

Le récit commence par la sinistre découverte du barbier Ivan Yakovlévitch. Il trouve un nez coupé dans le pain de son petit-déjeuner. Après s'en être débarrassé, il est accosté par un fonctionnaire de police. Par ailleurs, le major Kovaliov se réveille pour constater la disparition de son nez. À quelque temps de là, il rencontre son nez (devenu le Nez) en grand uniforme. Son bicorne à plumes laisse supposer qu'il a rang de conseiller d'État. Après bien des hésitations, Kovaliov se risque à l'aborder mais le Nez lui répond qu'ils appartiennent à des administrations différentes. Voyant sa vie sociale et ses projets matrimoniaux compromis, Kovaliov se décide à faire paraître une annonce. Toutefois, au terme de longs atermoiements, l'employé renonce à la publier car la chose est trop extravagante et pourrait constituer un exemple fâcheux. Dérangé dans sa sieste, le commissaire du quartier reçoit froidement Kovaliov. Rentré chez lui, ce dernier reçoit la visite d'un fonctionnaire de police qui lui rapporte son nez enveloppé dans un papier. Il a été arrêté au moment où il s'apprêtait à prendre la diligence pour Riga muni d'un passeport au nom d'un fonctionnaire. Encore faut-il l'assujettir au visage et cela se révèle impossible. Kovaliov envoie alors chercher un médecin qui le dissuade de tenter de remettre le nez à sa place. Mieux vaut le conserver dans un bocal d'alcool et le vendre. Soupçonnant son amie Mme Podtotchine de s'être livrée à la sorcellerie dans le but de lui faire épouser sa fille, Kovaliov lui envoie une lettre comminatoire. Elle lui répond en protestant de son innocence. L'histoire fait le tour de la capitale, les langues vont bon train, chacun essaie de voir le major Kovaliov.

Pour finir, un beau jour, le nez regagne sa place aussi mystérieusement qu'il l'avait quittée. Fou de joie, Kovaliov se rend au café, dans les bureaux. Depuis, on le voit dans les lieux publics le sourire aux lèvres. L'auteur conclut sur l'invraisemblance, l'incohérence de toute l'histoire. Cependant, ajoute-t-il, des aventures de ce genre arrivent, rarement, il est vrai, mais elles arrivent.

« LE MANTEAU »

Akaki Akakiévitch, le personnage principal de cette nouvelle, l'une des plus célèbres de Gogol, est un tout petit fonctionnaire à qui l'on confie des copies. L'auteur nous relate les circonstances qui ont présidé au choix de son nom qui connote celui d'un saint martyr. De fait, Akaki Akakiévitch est véritablement un martyr. Ses collègues de bureau se moquent de lui, tournent en dérision ses ridicules. Doux, humble et résigné, Akaki Akakiévitch se contente de dire lorsque leurs plaisanteries passent les bornes : « Laissez-moi ! Que vous ai-je fait ? » Ces simples mots détermineront la « conversion » d'un jeune homme récemment entré au ministère et qui dans un premier temps s'était joint au chœur des persécuteurs d'Akaki Akakiévitch. Il prend conscience de sa propre férocité, comprend la fraternité qui existe entre les hommes au-delà des différences extérieures.

Akaki Akakiévitch mène une vie extrêmement modeste mais il doit un jour se décider à faire réparer son manteau devenu une loque. Son tailleur, Pétrovitch, figure haute en couleurs, le persuade qu'il doit se faire confectionner un nouveau manteau. Cela coûtera cent cinquante roubles. Dès lors Akaki Akakiévitch a un but dans l'existence : réunir la somme nécessaire. Le manteau rêvé devient un idéal, voire une compagne de vie. Enfin l'argent est économisé à force de sacrifices de toute sorte. On fait les emplettes en choisissant des matériaux de premier ordre et deux semaines plus tard la belle pelisse neuve est là. Les collègues d'Akaki Akakiévitch le complimentent et l'un d'entre eux décide de donner une fête en son honneur. Akaki Akakiévitch s'y rend et s'attarde jusqu'à minuit.

Sur le chemin du retour il est attaqué par des voleurs qui lui dérobent son manteau neuf. Le commissaire de police le reçoit sans aménité et, sur les conseils de l'un de ses collègues, Akaki Akakiévitch décide de s'adresser à un certain « personnage considérable » afin de faire arrêter les voleurs. Désireux de faire étalage de son importance devant un ancien camarade, ce dernier le reçoit brutalement, l'abreuve de reproches. Akaki Akakiévitch sort de là plus mort que vif et attrape une angine qui ne tarde pas à se transformer en pneumonie. Il meurt peu après en proférant des blasphèmes et en évoquant son cher manteau.

Toutefois, les aventures de notre lamentable héros ne se terminent pas là. Quelques jours plus tard, le bruit se met à courir dans Pétersbourg que le fantôme d'un fonctionnaire apparaît aux alentours du pont Kalinkine et dépouille les passants de leur manteau afin de reprendre celui qui lui a été volé. La police ne peut en venir à bout. Or le « personnage considérable » apprenant le décès de celui qu'il a si brutalement éconduit en conçoit quelques remords. Il les dissipe au cours d'une soirée particulièrement gaie au terme de laquelle il décide d'aller voir son amie Caroline Ivanovna au lieu de regagner le logis familial. Mais une main le saisit au collet. Il s'agit d'un homme de petite taille vêtu d'un uniforme élimé et en qui il reconnaît Akaki Akakiévitch. Ce dernier exige que le « personnage considérable » lui cède son manteau. Ce dernier obtempère et rentre chez lui hagard. Désormais, il se comportera de façon plus humaine avec les solliciteurs. De ce moment, l'employé fantôme, sans doute satisfait, disparaît. Toutefois un fantôme de haute taille, pourvu de gros poings et d'énormes moustaches et ressemblant étrangement au voleur qui a dépouillé Akaki Akakiévitch, continue à hanter le quartier de Kolomna.

1 Le contexte historique et littéraire

Gogol appartient à l'âge d'or de la littérature russe. Cette période va du premier grand poème de Pouchkine, *Rouslan et Lioudmila* (1820) au dernier grand roman de Dostoïevski, *Les Frères Karamazov* (1879).

Pouchkine est considéré comme le véritable fondateur de la poésie russe. Gogol, dont les *Nouvelles de Pétersbourg* sont échelonnées entre 1835 et 1843, apparaît, quant à lui, comme le fondateur de la prose russe.

En 1824, Pouchkine posait ce diagnostic : « Si l'on excepte ceux qui s'intéressent à la poésie, la langue russe est incapable d'exercer une attraction suffisante sur qui que ce soit – nous n'avons encore ni littérature ni livres. Toutes nos connaissances, toutes nos idées nous les avons puisées depuis notre enfance dans des livres étrangers, nous nous sommes habitués à penser en langue étrangère [...] [1]. »

En effet, l'évolution de la langue et de la littérature russes avait été retardée par l'évolution politique complexe du pays et était tiraillée, comme le pays, entre deux héritages. Quant au contexte du début du XIXe siècle, s'il fut défavorable politiquement, il se révéla stimulant culturellement.

UN DOUBLE HÉRITAGE

La vieille Russie

La Russie, née au Xe siècle à Kiev (capitale de l'actuelle Ukraine), connut une civilisation prometteuse jusqu'au XIIIe siècle. Les historiens mettent en évidence le rôle du

1. *Œuvres complètes,* Paris, Bonne, 1958, t. III, p. 91.

prince Vladimir qui, par son baptême en 988, imposa à son peuple la foi orthodoxe (le christianisme professé à Byzance, qui refusait l'autorité du pape). La religion orthodoxe fut un facteur d'unité et de civilisation. Elle apporta avec elle une écriture, l'alphabet cyrillique, et une langue, le slavon. Naît une littérature écrite, essentiellement religieuse, mais aussi historique (avec les *Annales du temps passé* en 1115 et le *Dit de la bataille d'Igor*, retrouvé en 1800).

La « Kiévie » entretient de bonnes relations avec l'Europe occidentale, comme avec Byzance.

Mais, en 1240, une invasion des Tatars vient briser ces élans. Les destructions de villes et de populations sont suivies d'une période de stagnation appelée « le Joug tatar ». La Russie prend deux siècles de retard.

C'est en 1480 que les Russes s'émancipent de la domination tatare, grâce à un prince de Moscou, Ivan III. Moscou devient la capitale de la Russie. Ivan IV, dit Ivan le Terrible, tsar de 1533 à 1584, inaugura une époque de conquêtes. Il étendit l'Empire russe jusqu'à l'océan Pacifique. Il régna en souverain absolu. Sa priorité fut de soumettre l'aristocratie. Le sort des paysans s'aggrave. En même temps, Ivan le Terrible développe des échanges commerciaux avec l'Europe occidentale, sortant un peu la Russie de son isolement.

Pendant cette période (qui correspond à celle de la Renaissance en Europe occidentale), la production littéraire est peu abondante. Elle reste partagée entre des œuvres religieuses (le pays se couvrant aussi d'églises et de monastères) et des récits historiques.

Après la mort d'Ivan (1584), la Russie subit de nouveaux retards. Au début du XVIIe siècle, c'est « le temps des troubles », période de rivalités entre seigneurs, de révoltes paysannes, de famine et d'invasion polonaise (1611). La Russie est délivrée par les troupes de Minine et Pojarski et un nouveau tsar est élu en 1613, Michel Romanov. Avec lui, le servage devient une institution en 1649 : c'est une évolution inverse de celle qu'a connue l'Europe occidentale. Sous son règne comme sous celui de ses successeurs, l'État et l'Église orthodoxe se partagent le pouvoir. L'État s'appuie sur une noblesse terrienne jouant en même temps un rôle économique et commercial. La bourgeoisie est très peu développée. Le clergé met un frein aux nouveautés littéraires. Toutefois, à côté d'une littérature en langue savante (le slavon) commencent à s'imposer une poésie populaire et un théâtre sur des sujets religieux.

Le génie d'un tsar allait réduire cette accumulation de retards.

La Russie moderne : l'œuvre de Pierre le Grand (1694-1725)

Pierre prit la direction de l'État russe en 1694, sous le nom de Pierre Ier. Doué d'une grande énergie et d'une curiosité peu commune, il avait voyagé en Occident pour ses études. Il y apprit la navigation, la géométrie et d'autres techniques modernes et s'initia aux mœurs occidentales. Comme le rappelle l'historien Nicholas Riasanovsky, « à son retour d'Occident, le tsar commença par exiger des courtisans, des fonctionnaires, des militaires, qu'ils se fassent couper la barbe et portent des vêtements à l'occidentale[1] ». Ces exigences, en apparence superficielles, inaugurent un programme plus profond de modernisation et d'européanisation de la Russie.

En 1703, après une guerre contre la Suède, Pierre fonde Saint-Pétersbourg. La ville[2], bâtie à l'occidentale, et véritable « fenêtre sur l'Europe » devient en 1712 la nouvelle capitale de la Russie. Pierre commence une série de réformes institutionnelles. En 1711, il crée le Sénat chargé des affaires judiciaires, financières et administratives et des « collèges » (futurs ministères). Il institue le Saint-Synode, assemblée de douze prêtres qui permet le contrôle de l'État sur l'Église.

Mais Pierre ne réussit pas à faire appliquer des réformes locales dans son vaste Empire. Il ne supprima pas non plus la féodalité ni l'institution du servage.

Sa réforme administrative la plus importante fut la « table des rangs », qui permettait à des roturiers d'accéder à la noblesse et donc à des privilèges, pour services

---

1. *Histoire de la Russie*, Laffont, coll. « Bouquins », Paris, 1987, p. 243.
2. Voir le chapitre 2.

rendus à l'État. C'était reconnaître le mérite et pas la seule noblesse dite « de souche[1] ».

Sur le plan économique, Pierre le Grand crée une industrie textile, développe les mines et la métallurgie. Il fait creuser des canaux et construit une marine marchande. Il était adepte du « mercantilisme ».

Mais c'est dans le domaine culturel que ses réformes furent les plus durables. De ce point de vue, selon Riasanovski, son règne marqua même « une rupture radicale avec le passé moscovite[2] ».

Par décrets, il importe les manières, les usages occidentaux ; mais surtout une culture fondée sur les « lumières » de la raison. L'orthodoxie, du moins dans les classes cultivées, ne régissait plus toute la vie, comme avant.

Certes, les paysans conservaient les coutumes de la vieille Russie. Et, comme le dit encore Riasanovski, « la culture russe moderne fut avant tout celle de la noblesse, et elle garda ce caractère pendant une bonne partie du XIXe siècle. C'était la civilisation d'une élite aristocratique, instruite, sachant le français, tenant salon[3] [...]» (p. 314). Mais le processus était enclenché.

Pierre le Grand contribua aux progrès de l'instruction en ouvrant des écoles de mathématiques, de navigation, de médecine, de langues. Il fonda à Saint-Pétersbourg un musée des sciences, une bibliothèque publique et surtout l'Académie des Sciences, comprenant des sections de mathématiques, de physique, d'histoire et de beaux-arts. En 1702, il avait fondé le premier journal russe, les *Nouvelles*.

Pierre le Grand s'intéressait plus aux sciences qu'à la littérature. Néanmoins, il contribua à l'essor de celle-ci en élaborant un alphabet russe laïc plus simple et en créant des imprimeries.

L'œuvre de Pierre le Grand fut prolongée par Élisabeth (1741-1762), Catherine II (1762-1796) et Alexandre Ier (1801-1825). Sous le règne de ce dernier, Nicolas Karamzine, par son travail de rénovation de la langue russe, ouvrit la voie à Pouchkine.

---

1. Voir le chapitre 4.

2. *Histoire de la Russie*, Laffont, coll. « Bouquins », Paris, 1987, p. 313.

3. *Ibid.*, p. 314.

LE CONTEXTE POLITIQUE : LE RÈGNE DE NICOLAS Ier (1825-1855)

Au moment où Gogol publie ses *Nouvelles*, la Russie est soumise à l'autocratie de Nicolas Ier, surnommé « policier de la Russie » et « gendarme de l'Europe ».

« Le système de Nicolas »

• Une devise

Le régime s'appuie sur une devise que Serge Ouvarov, ministre de l'Instruction publique, proclame en 1833 : « Orthodoxie, nationalisme, génie national ».

Il s'agissait d'abord de veiller au respect de la religion traditionnelle des Russes. L'orthodoxie est conçue comme un facteur d'ordre. L'immense Empire russe nécessitait aussi, selon le tsar, une « volonté de fer », un gouvernement dirigé et contrôlé par un seul homme (autocratie) : lui-même. Enfin, il convenait, face aux influences étrangères subversives, de préserver le « génie national », c'est-à-dire les traditions du peuple russe.

La devise d'Ouvarov apparaissait d'autant plus nécessaire au pouvoir que l'Europe avait été secouée par les révolutions de 1830, notamment en France et en Pologne russifiée. La Russie venait d'écraser une révolte de patriotes polonais.

À l'intérieur, Nicolas Ier instaura un véritable régime policier. Pour ce faire, il s'appuya, non sur les institutions existantes, comme le Conseil des ministres ou le Sénat, mais sur des « comités » spéciaux. Telle fut la tristement célèbre Troisième Section.

• La Troisième Section

Chaque fois que Gogol cite la revue *L'Abeille du Nord*, il rappelle indirectement à ses lecteurs l'existence de ce comité. En effet, Thaddée Boulgarine, coéditeur de la revue, était en même temps un espion de la Troisième Section.

Nicolas Ier développa son secrétariat particulier (ou chancellerie intime) afin de pouvoir intervenir personnellement dans les affaires du pays. En 1828, il fonde la Troisième Section de cette chancellerie, qui assume trois missions. Elle gère le corps des gendarmes, chargés de la surveillance de tout le territoire. Elle dirige une police politique secrète, vouée à la lutte contre les idées subversives. Elle organise la censure.

Par ailleurs, Nicolas Ier voyait bien dans le servage un mal et une cause de retard de la Russie sur les pays civilisés. Mais sa méfiance était telle qu'il ne tenta pas de l'abolir. Il craignait des soulèvements à la fois des serfs miséreux (58 % de la population) et de la noblesse privée de serfs. La noblesse elle-même se diversifiait en magnats prospères, adaptés à l'économie de marché naissante et en gentilshommes appauvris.

À l'époque de Nicolas Ier, la population urbaine est encore très peu nombreuse (7 % environ) et un fossé persiste entre, d'un côté, la noblesse et quelques roturiers européanisés et, de l'autre, le peuple illettré.

LE CONTEXTE CULTUREL ET LITTÉRAIRE

La littérature

La littérature connaît une floraison sans précédent, malgré la censure.

Naissent des courants romantiques et des courants réalistes qui contribuent à la formation de Pouchkine et de Gogol, les deux piliers de ce premier tiers du siècle.

Des poètes illustrent le courant romantique russe. C'est notamment Joukovski (1783-1852) que Gogol connut personnellement et admira.

Le fabuliste Krylov (1768-1844) représente les débuts du réalisme par ses qualités d'observation de toutes les classes de la société russe. Il utilise des dictons et des proverbes populaires ; il en invente d'autres. Alexandre Griboïedov (1795-1829) inaugure le théâtre réaliste, avec sa comédie *Le Malheur d'avoir de l'esprit* (1824). Il s'agit d'une satire de la haute société moscovite, sous Alexandre Ier, à travers la vision d'un jeune homme amer. La comédie ne fut représentée qu'en 1831, avec des coupures.

Mais Pouchkine a su fondre tous les courants. De même, il a su jouer sur toutes les possibilités de la langue russe en recourant à la fois à des modèles littéraires occidentaux, à la langue populaire et au folklore de son pays.

Encore considéré comme le plus grand poète russe, il est l'auteur d'une poésie lyrique riche et variée. Il a composé aussi des poèmes exotiques comme *Le Prisonnier du Caucase* (1821) et le long poème pétersbourgeois *Le Cavalier de bronze* (1833), qui narre le conflit entre Eugène, dont la fiancée s'est noyée lors d'une inondation, et le pouvoir du fondateur de Pétersbourg, Pierre le Grand, représenté par la statue en bronze érigée par Falconet. En même temps, le poème loue l'œuvre grandiose de Pierre.

Pouchkine s'est rendu célèbre par son drame historique *Boris Godounov* (1825) et plus encore par son roman-poème du temps présent *Eugène Onéguine* (1822-1831). Le roman a pour trame l'histoire d'un jeune dandy pétersbourgeois, poseur, qui s'ennuie dans la vie et qui manque sa chance de bonheur amoureux en dédaignant la jeune Tatiana.

Pouchkine a contribué également au développement de la prose russe et ouvert la voie à Gogol par ses *Récits de Bielkine* (1830). Parmi ces récits, « Le Maître de poste » annonce la peinture des petites gens chez Gogol. Ces récits se caractérisent par les qualités que Pouchkine exigeait de la prose : la concision et la précision[1].

La critique littéraire

Malgré la répression, Gogol a bénéficié d'une époque faste pour la critique littéraire. En effet, les journaux et les revues, surtout littéraires, ont continué à se multiplier. À côté de *L'Abeille du Nord* et du *Cabinet de lecture*, liées au pouvoir, des revues libérales comme *Les Annales de la patrie* et *Le Contemporain* développent, souvent par le biais de la critique littéraire, des idées politiques et philosophiques progressistes. *Le Contemporain*, dirigé par Pouchkine puis repris par Bielinski – critique devenu de plus en plus radical, joua un rôle essentiel dans la critique littéraire et dans la défense de l'œuvre de Gogol.

---

1. Voir Jean Bonamour, *Le Roman russe*, PUF, Paris, 1978, p. 28.

2 La ville de Pétersbourg

PÉTERSBOURG DANS LA CONSCIENCE CULTURELLE RUSSE

Une fenêtre sur l'Europe

La construction de Pétersbourg fut menée par Pierre le Grand qui en fit sa capitale en 1715 de façon extrêmement volontariste. Le site choisi, une plaine marécageuse facilement inondable, ne se prêtait guère à l'édification d'une cité prestigieuse. Située aux confins occidentaux de l'Empire, la ville tournait en quelque sorte le dos à la Russie profonde incarnée par Moscou, l'ancienne capitale. Elle symbolisait l'ouverture de la Russie à l'Europe et concrétisait le désir du tsar : moderniser son pays, en faire une grande puissance maritime.

Pétersbourg n'est pas russe dans sa morphologie : avenues rectilignes, tracées au cordeau et dont la plus célèbre est, bien sûr, la Perspective Nevski. Cet espace urbain géométrique contraste avec les villes russes traditionnelles aux rues sinueuses, bâties sans plan précis.

Pour édifier et orner Pétersbourg, on fit appel à des artistes étrangers, le plus souvent italiens (Rastrelli, Quarenghi). Ils emplirent la ville de palais et d'églises inspirés de l'architecture d'Europe occidentale. Le néoclassicisme et le baroque y dominent.

Grand admirateur de la Hollande, où il avait fréquenté les chantiers navals, Pierre le Grand s'était inspiré du plan d'Amsterdam pour concevoir celui de Pétersbourg.

La malédiction de Pétersbourg

Toute une partie de la population, les vieux-croyants[1] notamment, considérait le transfert de la capitale de Moscou à Pétersbourg comme un sacrilège. Moscou n'était-elle pas la ville sainte gardienne de l'orthodoxie religieuse ? À cela s'ajoutèrent d'autres réformes de Pierre le Grand (par exemple l'adoption forcée du costume européen, l'ordre intimé aux Russes de raser leurs barbes). Aussi, certains crurent voir en lui l'Antéchrist. Sa capitale ne pouvait donc être que maudite.

Par ailleurs la construction de la ville coûta la vie à des milliers de serfs, si bien que l'on peut dire sans exagérer que la cité nouvelle fut érigée sur des ossements. Ce crime, ce sacrifice humain lié à la fondation de Pétersbourg devait, pensait-on, faire peser une malédiction sur la nouvelle capitale.

Pétersbourg apparaissait comme un paradoxe, un défi aux conditions naturelles et à la géopolitique. La cité nouvelle matérialisait une révolution impulsée d'en haut et qui, si elle modernisait la Russie, aboutissait à une rupture dans le corps social. La classe supérieure allait s'européaniser. Quant à la masse du peuple qui avait payé les changements par son travail et son sang, elle demeurait ancrée dans des coutumes et un mode de pensée moyenâgeux.

Pétersbourg dans la littérature russe

Au XVIIIe siècle, les poètes Derjavine et Trediakovski avait chanté la majesté de la capitale en qui s'incarnait la grandeur de l'Empire. Au XIXe siècle, Pouchkine et Viazemski continuent la tradition et célèbrent l'aspect monumental de la cité. Le fameux poème de Pouchkine *Le Cavalier de bronze* écrit en 1833 va hanter toute la littérature russe classique.

---

1. Il s'agit des traditionalistes orthodoxes, ceux qui refusèrent la réforme religieuse du patriarche Nikon au XVIIe siècle : révision des livres saints, modifications apportées à la liturgie. Les vieux-croyants furent l'objet de persécutions sous le règne de Pierre le Grand (1694-1725) et par la suite.

Le poème de Pouchkine pose un dilemme fondamental : la raison d'État vaut-elle que l'on lui sacrifie les individus ordinaires ? Ce même poème met en scène la figure du petit fonctionnaire, du « petit homme » (c'est le terme traditionnellement employé par la critique russe) que nous retrouvons dans les nouvelles de Gogol.

Le thème de la grande ville moderne et de ses tragédies est présent à la même époque chez Balzac, Dickens, De Quincey.

Dans ses *Notes pétersbourgeoises* de 1836 parues dans la revue de Pouchkine, *Le Contemporain*, Gogol oppose la capitale du Nord à Moscou. Il souligne le contraste entre Pétersbourg, le petit-maître étranger, fat et dissipateur et Moscou la grosse et chaleureuse marchande russe. Pétersbourg est une impersonnelle concrétion de pierre, une colonie européano-américaine où l'homme ne saurait vivre que de fantasmes :

> Il y a là quelque chose d'une colonie européano-américaine : tant il y a peu de caractère national et beaucoup d'amalgame étranger qui ne s'est pas encore fondu en une masse homogène.

Cette opposition sera développée tout au long du XIXe siècle. L'appréciation portée sur Saint-Pétersbourg divisera slavophiles et occidentalistes.

LE PÉTERSBOURG DE GOGOL

Repères topographiques

Le Pétersbourg de Gogol diffère notablement de celui de ses prédécesseurs. On n'y trouve pas de mention de l'aspect monumental de la ville, pas plus que de ses monuments les plus célèbres.

L'arche de l'État-major général est certes mentionnée mais c'est à l'occasion d'une comparaison grotesque :

> [...] alors que l'autre, dont l'orifice buccal a la taille de l'arche de l'État-major général, doit, hélas ! se contenter de je ne sais quel menu allemand de pommes de terre.
>
> (« La Perspective Nevski », p. 90.)

L'auteur se borne en général à mentionner que l'action de son récit se situe dans la capitale du Nord. Il crée l'espace littéraire pétersbourgeois en citant des noms de rues et de quartiers. C'est bien sûr la Perspective Nevski qui donne son nom au premier récit mais aussi la rue de la Mer, la rue des Pois, l'avenue de la Fonderie, la rue des Bourgeois, la porte de Kazan, le côté Pétersbourg, le côté Vyborg, les Sablons, la Barrière de Moscou, le faubourg d'Okhta, le Canal Catherine. Avant de déménager dans un appartement de luxe de la Perspective Nevski, Tchartkov, le héros du *Portrait*, habite un misérable meublé. La seconde partie de la nouvelle évoque longuement le quartier de Kolomna où se situe l'essentiel du « Manteau ». « Le Journal d'un fou » mentionne encore la rue des Pois et la rue des Bourgeois ainsi que la rue des Menuisiers et le pont Kokouchkine. Nous savons que le barbier qui découvrit un nez dans son petit pain demeurait avenue de l'Ascension et méditait de jeter à l'eau sa compromettante trouvaille depuis le pont Saint-Isaac. La Perspective Nevski est bien entendu le lieu de promenade favori du major Kovaliov. C'est aux alentours du pont Kalinkine dans le quartier de Kolomna que le fantôme d'Akaki Akakiévitch se plaît à semer la terreur parmi les passants qu'il dépouille de leur manteau, réalisant dans la mort le rêve dont il avait été floué de son vivant.

Des lieux sans visage

Ces indications topographiques relèvent davantage de la didascalie (indications scéniques) que de la description proprement dite. Gogol s'intéresse au tissu de l'espace urbain tel que le perçoit le citadin anonyme. Cet espace est tout à la fois multiforme et répétitif. Les rues se signalent par la présence de bureaux, de ministères, de commissariats de police, d'ateliers d'artisans et d'artistes. On y voit également des immeubles de rapport d'où s'échappent des odeurs pestilentielles, des boutiques de barbiers, des sièges de revues, des maisons de prostitution, des immeubles de luxe, des salles des ventes. On y trouve aussi des ponts, des carrefours et des places dont la largeur se mesure au temps nécessaire pour les traverser dans la nuit et dans le gel. Rien de tout cela n'est spécifiquement pétersbourgeois.

Nous nous trouvons en présence de la démultiplication à l'infini de lieux sans visage qui peuvent exister dans n'importe quelle grande ville.

Le récit « La Perspective Nevski », qui ouvre le cycle, ne nous renseigne nullement sur l'aspect architectural de la célèbre avenue. Seul, le quartier de Kolomna fait l'objet dans les *Nouvelles de Pétersbourg* d'un compte rendu méticuleux. Or, il s'agit d'un non-lieu, d'une banlieue éloignée, impersonnelle, sale et grise, refuge de gens « cendreux » qui semblent se survivre plutôt que vivre. Kolomna apparaît comme le lieu métaphysique du non-être et sa description est celle du néant, du rien, de l'absence (p. 142).

Un regard subjectif

Le Pétersbourg de Gogol est celui de ses habitants qui courent à leurs affaires sans remarquer palais ni cathédrales. Leur ville n'a rien à voir avec celle des manuels d'architecture. C'est avant tout la subjectivité de personnages écartelés entre désir et manque qui donne forme au Pétersbourg de Gogol. De cette tension entre désir et manque naît une série de figures réversibles, qui oscillent entre l'être et le non-être : les hommes sont des nez et les nez des hommes. La sylphide s'avère une prostituée et la prostituée une épouse vertueuse, le fonctionnaire se croit un roi, le fantôme se transforme en voleur, le voleur en fantôme, etc. Tout peut être tout, tout peut être rien ou les deux à la fois. C'est ainsi que dans le délire de Poprichtchine, l'Espagne est la Chine et peut tout aussi bien se trouver sous la queue des coqs.

Le Pétersbourg de Gogol existe sans exister. C'est un mot à la limite privé de référent[1], un cadre sans contenu, une absence qui peut signifier n'importe quoi, une sorte d'inconscient collectif générateur de fantasmes.

Ainsi a pu prendre forme le mythe d'un Pétersbourg fantastique, ville de larves, d'ombres et de marionnettes démentes.

---

1. *Référent* : ce à quoi renvoie dans la réalité un signe linguistique.

UNE ÉCRITURE DE LA FRAGMENTATION

La synecdoque[1], figure par excellence de la fragmentation, est omniprésente dans les *Nouvelles*. Le titre de la première nouvelle, « La Perspective Nevski », est lui-même une synecdoque. La Perspective résume en effet la ville de Pétersbourg. La foule qui arpente la célèbre avenue est fragmentée en classes et en sous-classes. Les êtres qui les composent sont eux-mêmes fragmentés en objets, voire en morceaux d'objets (attributs, parties du corps). Les possesseurs de ces objets disparaissent et la Perspective se couvre de nez, de chaussures, de manches, de moustaches, de favoris, de chapeaux, de robes, de pardessus. C'est que les homoncules qui parcourent la Perspective se perçoivent mutuellement comme des objets ou des fragments d'objets. Gogol rend compte de cette attitude psychologique en présentant dans son texte les êtres humains comme des choses. Le mélange d'objets et de corps, la substitution des uns aux autres tend à créer des séries associatives inattendues, surréalistes avant la lettre.

« Le Nez » a pour sujet une fragmentation (perte d'une partie du corps qui s'émancipe). Dans « Le Portrait », les yeux de l'usurier semblent animés d'une vie autonome et, sur son lit de mort, Tchartkov les voit se démultiplier. « Le Journal d'un fou » conte l'histoire d'une schizophrénie, d'un éclatement de la conscience. Cette fragmentation est l'œuvre du démon qui se plaît à détruire l'unité du cosmos :

> [...] il lui semblait que quelque démon avait émietté le monde en une multitude de fragments et brassé tous ces fragments à l'aveuglette, à tort et à travers.
>
> (« La Perspective Nevski », p. 62.)

Et le narrateur de conclure :

> Tout est leurre, tout est rêve, tout est autre qu'il ne paraît. [...] Elle ment à longueur de temps cette Perspective Nevski [...] quand le démon lui même allume les lampes uniquement pour faire voir les choses autres qu'elles ne sont.
>
> (« La Perspective Nevski », p. 90-91.)

---

1. *Synecdoque* : figure de style consistant à prendre la partie pour le tout ou le tout pour la partie.

Ce monde émietté, dépourvu d'unité, est constitué par un ensemble de subjectivités hétérogènes. La lumière blafarde qu'y fait ruisseler le démon reflète l'imaginaire et les fantasmes de chacun. Gogol redouble à sa manière l'œuvre du malin. Il écrit la fragmentation du monde en des récits de l'éclatement.

Nous sommes loin des récits ukrainiens (*Les Soirées du hameau*, 1831-1832) célébrant l'unité mythique de la communauté paysanne. Pétersbourg est un monde de consciences refermées sur elles-mêmes, déchirées, solitaires.

PÉTERSBOURG, UNE VILLE FATALE

Gogol avait quitté son Ukraine natale pour Pétersbourg en 1828. Il y connut un certain nombre de déceptions. Son premier ouvrage, *Hans Küchelgarten,* imprimé à compte d'auteur reçut un accueil unanimement défavorable. La carrière administrative ne lui réserva pas plus de succès puisque les seuls emplois qu'il put obtenir dans les ministères se situaient tout en bas de la hiérarchie du *tchin*[2]. Sa candidature d'acteur aux théâtres impériaux fut refusée en 1830 et lorsqu'il obtint un poste de professeur d'histoire à l'université de Moscou, il s'y révéla un fort piètre enseignant. Ceci dit, il ne faut pas exagérer ces déboires compensés par une existence somme toute agréable et les prestiges d'une notoriété naissante. N'identifions pas Gogol à Akaki Akakiévitch, le héros du « Manteau » !

Les *Nouvelles de Pétersbourg* ont été écrites dans la ville même qui sert de cadre au récit. La chose est inhabituelle pour Gogol qui, pour idéaliser, avait besoin d'absence, d'éloignement. Jamais l'Ukraine ne lui parut plus belle que depuis Pétersbourg. Jamais il n'aima autant la Russie qu'à Rome où il rédigea l'essentiel des *Âmes mortes*.

---

1. *Tchin* : système de grades. Pierre le Grand avait institué la table des rangs composée de quatorze classes, depuis l'enseigne et l'enregistrateur de collège qui occupaient le plus bas degré de l'échelle jusqu'au feld-maréchal et au chancelier qui siégeaient à l'échelon supérieur. Fonctions civiles et dignités ecclésiastiques y étaient assimilées aux grades de l'armée.

Toujours est-il que la souffrance, le doute, la dépossession, le manque, l'absence, tel est le lot des habitants du Pétersbourg de Gogol.

Fuites et frustrations

Dans « La Perspective Nevski », la ville leurre Piskariov, artiste idéaliste ; elle oppose le visage ricanant du vice ordinaire à ses aspirations vers l'union du beau et du bien. Piskariov préfère se tuer plutôt que d'accepter le triomphe de la vulgarité. Avant déjà, l'opium, première forme de suicide, lui permettait de fuir une réalité insupportable dans le monde du fantasme.

Pirogov, le double trivial de Piskariov est, lui aussi, malmené par la cité puisqu'il se fait rosser par des artisans allemands en colère. Plus réaliste que son malheureux camarade, il survit à son humiliation et oublie sa mésaventure en dégustant des gâteaux[1].

Le major Kovaliov, autre personnage trivial, est sans doute le héros de la plus étrange aventure du cycle. Il est atteint dans son intégrité corporelle. La perte du nez a bien sûr des connotations sexuelles que les commentateurs n'ont pas manqué de relever[2]. Kovaliov souffre dans sa virilité : sans nez, il ne peut se marier ! La disparition de l'appendice nasal a également des conséquences sociales. Comment désormais fréquenter la bonne société ? Enfin, le Nez, devenu personnage à part entière a un grade plus élevé que son ancien « propriétaire » qu'il fait désormais profession d'ignorer. N'est-ce pas là le scandale majeur ?

Démence et désespoir

« Le Portrait » est l'histoire d'un pacte avec le diable. Dans la première rédaction, le peintre se nommait Tchertkov (nom dans lequel on entend *tchert* qui signifie « diable » en russe) et non Tchartkov. Comme toujours, le pacte aboutit à la perte de celui qui l'a conclu. Tchartkov perd son talent (qui était réel). Il devient lui même une

---

1. Le nom même de Pirogov signifie « gâteau ».
2. Sur le sens du « Nez », voir le chapitre 20.

sorte de démon gouverné par la méchanceté, l'envie, ledésir de détruire. Ces passions monstrueuses se marquent sur son visage et le conduisent à une mort douloureuse. Des mésaventures comparables sont le lot de ceux qui, de près ou de loin, ont eu affaire au terrible usurier. La perte de l'intégrité morale s'ajoute à celle du talent.

Dans « Le Journal d'un fou », c'est la raison que finit par perdre Poprichtchine, dépouillé de tous ses espoirs, de toutes ses illusions. Comme Piskariov, il se crée un autre monde, un monde de compensation dominé par ses fantasmes de grandeur. Hélas, il s'agit d'un univers dérisoire, et la dernière page du texte est un cri poignant de désespoir, de déréliction totale.

Enfin, Akaki Akakiévitch, dont le nom signifie doublement le pur et renvoie au double martyre de saint Acace[1], meurt d'avoir perdu ce qui matérialisa fugacement la réalisation de son désir : le fameux manteau obtenu à force d'ingéniosité et de privations. On a pu comparer la nouvelle à une *Vie de saint* moderne.

Vilipendé, moqué, malmené, risée de son bureau, stupide, Akaki Akakiévitch, le doux, l'humble, poursuit son pauvre rêve envers et contre tout. La ville le spoliera comme elle a spolié les autres malheureux héros des *Nouvelles de Pétersbourg.*

Les *Nouvelles de Pétersbourg* offrent une vision paradoxale d'une cité célèbre pour sa splendeur architecturale. Le Pétersbourg de Gogol est une ville qui engendre souffrance, banalité, dépersonnalisation, folie et mort. Comme *Le Cavalier de bronze* de Pouchkine, *Crime et Châtiment* et *L'Adolescent* de Dostoïevski, *Pétersbourg* d'A. Bely[2], les *Nouvelles de Pétersbourg* de Gogol sont l'une des œuvres fondatrices du mythe littéraire de Pétersbourg.

---

1. Jeté tout d'abord dans une fournaise, Acace fut, pour finir, décapité.

2. A. Bely (de son vrai nom Boris Bougaev), 1880-1934. Poète et écrivain. Son chef d'œuvre est le grand roman Pétersbourg (1916), qui renouvelle le genre par ses innovations formelles et peut être comparé aux expérimentations d'un Joyce.

3 L'unité du recueil

Le titre de *Nouvelles de Pétersbourg* s'est traditionnellement attaché aux cinq nouvelles étudiées. Il n'appartient pas à Gogol lui-même. Ces nouvelles parurent pour la première fois ensemble dans le tome III des *Œuvres complètes* de Gogol en 1842. Nous définirons ce qui fait l'unité de ces textes perçus depuis longtemps par les lecteurs russes et non russes comme un ensemble indissoluble, un cycle, même s'ils ont été composés séparément.

Cette unité est tout d'abord géographique puisque la ville de Pétersbourg est omniprésente. Par ailleurs, le thème des humbles court pratiquement à travers tous les récits, imposant au recueil une unité sociologique, unité qui entraîne à son tour une unité thématique : les petites gens se révoltent contre les préjugés sociaux que, paradoxalement, il leur arrive parfois de partager. Cette révolte se termine la plupart du temps tragiquement.

Enfin, on ne peut manquer d'être frappé par l'unité littéraire du recueil. Le ton très particulier du conteur gogolien ne peut en effet être confondu avec nul autre. À la fois lyrique et ironique, compatissante et désinvolte, voire gouailleuse, sa voix donne aux *Nouvelles de Pétersbourg* leur coloration et leur saveur spécifiques. Ce conteur derrière lequel se profile un Gogol héritier du romantisme allemand est un élément essentiel de l'unité stylistique du recueil.

UNITÉ GÉOGRAPHIQUE ET CYCLIQUE

C'est avant tout l'omniprésence de la ville de Pétersbourg, le sentiment de la grande métropole moderne cruelle et artificielle qui unit les cinq nouvelles. Au-delà d'une simple localisation géographique et sociologique, ce qui après Gogol deviendra le « mythe de Pétersbourg » commande le cycle et lui impose sa véritable unité.

Lieu du désir frustré, du manque et de l'absence, la ville est comme le manteau inexistant et rêvé d'Akaki Akakiévitch. L'auteur ne donne pas de la cité une représentation ferme, sûre et « objective » dont il garantirait personnellement la vérité. Il ne s'arrête pas sur ses splendeurs architecturales ni sur le cadre naturel. Il choisit de peindre la conscience que ses pitoyables héros ont de la grande ville qui les enserre et semble engendrer malheurs et frustrations.

Le regroupement, par Gogol lui-même et *a posteriori*, de ces récits nous mène à la notion de cycle (série de récits ou de poèmes autour d'un même sujet – ici Pétersbourg, ville de souffrance – et dans lesquels on retrouve plus ou moins les mêmes personnages). Le procédé est fréquent en Russie à cette époque. En effet, ce n'est qu'au début du XIXe siècle que l'on voit se constituer avec Pouchkine une littérature russe moderne originale. La forme romanesque proprement dite n'existe pas encore, à la différence de l'Europe occidentale. Les écrivains conçoivent donc des cycles de nouvelles qui sont autant d'approches de la forme romanesque. C'est ainsi que Pouchkine écrit les *Récits de Belkine*, Odoïevski *Les Nuits russes*. Plus tard, Lermontov donnera son chef d'œuvre, *Le Héros de notre temps*. Il s'agit déjà d'un véritable roman constitué de nouvelles indépendantes unies par la puissante figure du personnage central, Petchorine. Les *Nouvelles de Pétersbourg* s'inscrivent dans cet ensemble.

UNITÉ SOCIOLOGIQUE : LES HUMBLES

Le « petit homme »

Le terme de « petit homme » a été introduit par l'école littéraire russe dite « naturelle » (école du XIXe siècle de tendance réaliste qui critique la société au nom des idéaux humanitaires). Son principal porte-parole, le critique Biélinski, emploie ce terme pour désigner en particulier les anti-héros gogoliens et leur postérité. Il s'agit de toute la cohorte des humbles, des laissés-pour-compte, des victimes, des gueux et des prostituées qui peuplent la littérature russe de tendance sociale du XIXe siècle.

La figure du « petit homme » est l'un des principaux éléments unificateurs du recueil. Ce type y est en effet largement représenté, en particulier dans « Le Manteau ». C'est ainsi que s'explique la formule célèbre prêtée à Dostoïevski : « Nous sommes tous sortis du *Manteau* de Gogol. » Ce « nous » désignait les écrivains qui plaçaient avant tout les préoccupations humanitaires, reflétaient dans leurs écrits le quotidien et les conditions de vie des humbles, s'élevaient contre l'injustice. Les tenants de cette lecture voyaient en Gogol un précurseur de la littérature engagée, un défenseur des petites gens. Cette interprétation presque exclusivement sociale prévalut bien évidemment durant la période « soviétique ». En revanche les commentateurs du début du siècle avaient préféré mettre l'accent sur les innovations formelles et les préoccupations mystiques de l'auteur des *Nouvelles de Pétersbourg*.

Une galerie de petits fonctionnaires

Poprichtchine[1] et Akaki Akakiévitch sont des gratte-papier typiques, situés tout en bas de l'échelle ; ils se fondent dans la masse impersonnelle des petits fonctionnaires pétersbourgeois, sans ressources et sans défense. De là, leurs rêves compensatoires humbles ou fous, en tout cas, dérisoires. Le major[2] Kovaliov appartient à un autre type psychologique. Porté à la vantardise, il incarne la médiocrité triomphante. Toutefois, l'angoisse de la dévalorisation perce sous ses propos satisfaits. Comme les anti-héros du « Manteau » et du « Journal d'un fou », Kovaliov est l'esclave des hiérarchies sociales. Il est vrai qu'une fois promu conseiller d'État, son propre nez peut se permettre de le traiter comme quantité négligeable !

Le grade est tout, l'homme n'est rien. Pris au pied de la lettre, ce postulat qui fonde en partie l'unité des *Nouvelles de Pétersbourg* entraîne toute une série de loufoqueries littéraires.

---

1. Son nom procède du mot qui signifie « carrière ».
2. En réalité, il usurpe ce titre !

Artistes désargentés et gens de condition médiocre

Piskariov, Pirogov et Tchartkov n'appartiennent pas à l'armée anonyme des fonctionnaires qui battent le pavé de Pétersbourg. Toutefois, chacun à sa façon, ce sont des humbles, tremblant devant les propriétaires, les commissaires et les huissiers, vivant dans de modestes ateliers.

Pirogov, le plus satisfait de son sort, fait partie de la classe moyenne relativement désargentée et avide d'élévation sociale. Seul son heureux naturel lui permet d'encaisser avec philosophie les coups du sort et les humiliations.

Le lecteur se trouve confronté à une galerie de petites gens esseulés et humiliés, en proie au ressentiment et aux idées fixes. Ils arpentent à longueur de vie les artères de la capitale, se fondent avec elle. Leur présence confère aux *Nouvelles de Pétersbourg* une unité certaine.

UNITÉ THÉMATIQUE

Omniprésence des préjugés sociaux

Les « petits hommes » gogoliens ne sont pas uniquement des victimes du sort et de la société. Plus exactement, ils partagent dans une large mesure les préjugés de cette société qui les opprime. C'est là une des causes de leur incapacité à comprendre et à exprimer la souffrance qui les tenaille (Akaki Akakiévitch s'exprime par interjections et bredouillements, Kovaliov présente un grand nombre de tics langagiers). Dans « Le Journal d'un fou », nous voyons Poprichtchine très attaché aux privilèges et aux préséances. Il est convaincu de la supériorité intrinsèque de la noblesse : pour lui, une rue est vide si l'on n'y voit pas de nobles. Son respect des chefs est illimité. Sordides querelles de bureaux, ragots, adéquation totale au système des pots de vin, tels sont ses repères psychologiques. Ses goûts littéraires et théâtraux sont d'une grande trivialité, ses opinions politiques rétrogrades et directement inspirées de la lecture de *L'Abeille du Nord*. Son langage fait alterner le jargon administratif et la vulgarité. Exemple typique d'aliénation, il est le parfait représentant d'une société de hiérarchies et de castes dont il intègre pleinement les valeurs alors qu'elle l'annihile. Ne va-t-il pas jusqu'à appeler sa bien-aimée « Votre Excellence » et à décréter que son mouchoir « sent le généralat » !

Kovaliov et Pirogov ne cessent de rappeler leur grade à propos de tout et de rien. À l'occasion, Kovaliov ne recule pas devant l'intimidation.

Si les malheurs d'Akaki Akakiévitch nous touchent, il n'en reste pas moins que le personnage est présenté comme un être à l'esprit étriqué. Il s'identifie à tel point au système qu'il semble fait de plume et de papier. Il confond même les avenues rectilignes de Saint-Pétersbourg avec les lignes des feuillets sur lesquels il recopie ses circulaires :

> À supposer qu'Akaki Akakiévitch jetât les yeux sur quelque objet, il devait y apercevoir des lignes écrites de sa belle écriture nette et coulante. Si un cheval venait tout à coup poser le nez sur son épaule et lui souffler une vraie tempête dans le cou, il reconnaissait enfin qu'il se trouvait au milieu de la rue et non point au milieu d'une ligne d'écriture.
>
> (« Le Manteau », p. 242.)

Victimes d'un système social sans pitié, les personnages des *Nouvelles de Pétersbourg* en intègrent jusqu'à un certain point les valeurs et ce n'est pas la moindre de leurs tragédies. Leur psychisme écartelé entre humiliation et volonté de puissance annonce la dialectique de la victime et du bourreau développée plus tard par Dostoïevski par exemple dans les *Notes du sous-sol* ou *Crime et Châtiment*. Ainsi Raskolnikov[1], qui se tient à tort ou à raison pour une victime de la société et un être supérieur, se juge en droit d'assassiner une vieille usurière inutile et nuisible afin de poursuivre ses études et d'assurer une vie honorable à sa mère et à sa sœur. De façon générale une relation perverse est souvent susceptible de s'établir entre l'humiliateur et l'humilié dont les rôles peuvent devenir interchangeables.

---

1. Personnage central de *Crime et Châtiment*.

Désespoir et autodestruction

L'espoir irrationnel de sortir d'une situation insupportable, d'échapper à un malaise diffus, voici ce qui permet aux fantoches de Gogol de survivre. Toutefois, confrontés à l'impossibilité de réaliser leur désir, ces homoncules trouvent refuge dans la folie ou la mort.

Tel est le destin de Poprichtchine, de Piskariov et d'Akaki Akakiévitch. Poprichtchine n'en finit pas de se heurter au mot obsédant de « conseiller titulaire[1] ». L'omniprésence du terme marque à quel point il s'agit d'une définition clôturante qui enferme le personnage, le rive à sa médiocre place, en un mot, le condamne :

> Pourquoi suis-je conseiller titulaire, et à quel propos ? Peut-être que je suis comte ou général et que j'ai seulement l'air comme ça d'être un conseiller titulaire ? Peut-être que j'ignore moi-même qui je suis.
>
> (« Le Journal d'un fou », p. 187.)

Ce cri d'indignation, ce refus mèneront Poprichtchine à la folie et à la mort.

La fin tragique de Tchartkov est en quelque sorte différée mais obéit au même schéma. Tchartkov était pauvre, méprisé, poursuivi par ses créanciers. Il est allé ensuite de compromission en renoncement pour satisfaire les goûts philistins du grand monde et devenir riche. Cela lui a coûté son talent : il ne sera jamais un grand peintre. Sa folie destructrice est également une folie autodestructrice. En détruisant des chefs-d'œuvre, Tchartkov matérialise sa déchéance, donne à voir la destruction de son ancien moi, de son talent, se venge tout à la fois de ses rivaux et d'une société qui l'a floué. La mort physique est la conséquence logique de cet acharnement dévastateur.

Akaki Akakiévitch, le doux, le patient perd toute retenue après sa mort puisqu'il assouvit sa vengeance en dérobant les vêtements de ceux qui l'ont humilié et ignoré de son vivant. Cette révolte est particulièrement significative venant d'un être falot et résigné.

---

1. Grade inférieur dans la table des rangs ; voir la note 1 p. 31.

UNITÉ LITTÉRAIRE

Un réalisme fantastique

Il est bien évident, à quiconque s'aventure dans le monde de Gogol, que la lecture « sociale » n'épuise pas le sujet. Elle est nécessaire, certes, mais ne saurait rendre compte de l'atmosphère inimitable qui se dégage des *Nouvelles de Pétersbourg*. Ce ton si étrange et si reconnaissable naît précisément d'un mélange de détails concrets fondés sur des documents précis et de loufoquerie, d'absurde, de fantastique. Dans « Le Portrait » et « Le Manteau » nous assistons au surgissement du surnaturel au sein d'un environnement prosaïque. « Le Journal d'un fou » se caractérise par un mélange de détails bureaucratiques et de dérives délirantes (les dates, l'interprétation du réel). Quant à sa dernière page, elle contraste avec le reste du récit par sa charge lyrique, la véhémence du désespoir qui s'y exprime.

En outre, dans les *Nouvelles de Pétersbourg*, les rêves se confondent souvent avec la réalité tant ils sont précis, circonstanciés, ordonnés, raisonnables. Ainsi, les rêves de Piskariov sont profondément inscrits dans le social. Les rêves emboîtés de Tchartkov sont si charnellement présents qu'une fois réveillé, il lui semble encore sentir dans sa main le poids des rouleaux d'or de l'usurier.

À l'inverse, la réalité peut soudain se déformer. Piskariov, en proie à une vive émotion, voit soudain l'espace urbain se modifier autour de lui : les calèches et les chevaux au galop lui semblent immobiles, le pont s'étire, les immeubles se retournent (p. 56).

Le surnaturel n'étonne personne. Découvrant un nez coupé dans son pain matinal, le barbier du « Nez » n'a d'autre préoccupation que d'éviter des ennuis. Nul n'est surpris, et Kovaliov moins que quiconque, de voir ce même nez revêtir un uniforme de conseiller d'État. Rechercher cet appendice par voie d'annonce semble chose naturelle. Poprichtchine trouve normal de demander à s'entretenir avec un chien. Pour finir, tout cet univers régi par une stricte grille administrative s'accommode fort bien du fantastique, du cocasse, de l'absurde. Peut-être le génère-t-il.

Le conteur gogolien

Tour à tour hâbleur, volubile, pathétique, moqueur, Gogol passe volontiers du coq à l'âne, se perd en digressions volontairement oiseuses, prend à partie son lecteur. Se laissant porter par les pouvoirs intrinsèques du langage, il transforme les associations phonétiques en associations sémantiques souvent incongrues, joue du calembour[1], exploite les ressources du rythme. Ces aspects disparaissent malheureusement pour l'essentiel dans les traductions.

Il faut souligner que les changements de registre se font entendre à l'intérieur d'une seule et même nouvelle. C'est par exemple le cas dans « Le Manteau », que le critique Eixenbaum a interprété dans son célèbre article « Comment est fait le Manteau de Gogol[2] » comme une sorte de gesticulation verbale, un kaléidoscope de tons et de styles. C'est également le cas dans « Le Nez », dont la dernière page met en doute le bien-fondé de l'ensemble du récit qui précède.

La variété des registres, les rebondissements inattendus de la narration sont des procédés permanents. À ce titre, ils doivent être considérés comme conférant une unité littéraire à l'ouvrage.

Gogol héritier du romantisme allemand

Gogol était un grand admirateur du romantisme allemand et de Hoffmann[3] en particulier. Le thème de la perte d'une partie du corps est à mettre en relation avec les sujets romantiques de la perte de l'ombre, du double. En effet ombre ou partie du corps, une fois émancipées, peuvent se constituer en double de leur ancien « propriétaire ». Ce double est souvent menaçant, parfois meurtrier.

La folie, le thème de l'artiste fou font partie des sujets préférés du romantisme allemand. Le musicien fou revient

---

1. Ainsi le nez devient-il Monsieur Lenez (en russe *Nos/Nosov*).
2. In *Théorie de la littérature*. Textes des formalistes russes présentés et traduits par Tzvetan Todorov. Préface de Roman Jakobson, Seuil, 1966, p. 212-233.
3. Voir le chapitre 9.

souvent dans l'œuvre de Hoffmann[1]. La folie, voie royale pour accéder au monde des réalités supérieures, permet de fuir un quotidien morne et trivial.

L'histoire des chiens qui parlent et écrivent peut avoir été suggérée à Gogol par le récit de Hoffmann *Le Chien Berganza*. L'alternance de la correspondance canine et du journal de Poprichtchine renvoie au *Chat Murr*[2] du même Hoffmann.

Hoffmann ou Chamisso[3] intègrent l'ironie « comme correctif et ultime remède au désespoir du chercheur d'absolu[4] ». Celui-ci se défend contre la matérialité grossière, la trivialité (en russe *pochlost*) où il se voit immergé en la tournant férocement en ridicule. C'est de cette ironie qui marque une nouvelle phase dans l'évolution du romantisme allemand qu'use Gogol dans les *Nouvelles de Pétersbourg*. Dans « La Perspective Nevski », Gogol donne à des personnages triviaux les noms des grands romantiques allemands Schiller et Hoffmann. De fait, l'ironie est omniprésente dans les *Nouvelles de Pétersbourg*. Elle tient pour beaucoup au détachement avec lequel le conteur présente ses personnages minables, laids, bornés autant que pitoyables. Son attitude rappelle quelque peu celle d'un entomologiste occupé à étudier la vie des insectes. Cette ironie corrosive sous-jacente introduit une distance qui exclut la sensiblerie, l'apitoiement. Seuls quelques passages font exception : ainsi l'épisode du « Manteau » où la douleur d'Akaki Akakiévitch malmené par ses collègues suscite une remise en cause fondamentale chez un jeune homme récemment entré au ministère, ainsi le dernier paragraphe du « Journal d'un fou[5] », ainsi encore la deuxième partie du « Portrait ».

---

1. Par exemple dans *Le Chevalier Glück, Le Violon de Crémone, Le Chat Murr*.

2. Dans cet ouvrage le récit des étranges aventures du musicien Johannès Kreisler alterne avec les mémoires du matou Murr.

3. Chamisso de Boncourt (Louis, Charles, Adélaïde dit Adelbert von) : écrivain allemand d'origine française (1781-1838). Auteur de *La Merveilleuse Histoire de Peter Schlemihl* (1814).

4. Voir à ce propos l'introduction de Françoise Flamant à l'édition bilingue du « Journal d'un fou », Gallimard, 1990, p. 12.

5. Voir le chapitre 15.

4 La société russe dans les *Nouvelles de Pétersbourg*

De nombreux commentateurs voient dans les *Nouvelles de Pétersbourg* un tableau de la réalité sociale russe à l'époque de Nicolas Ier. Les uns, les plus nombreux, y perçoivent l'œuvre d'un peintre réaliste et objectif de la société. Les auteurs de ces lectures sociologiques s'appuient sur la minutie et l'abondance des détails concrets dans les textes de Gogol. Les autres voient plutôt dans les *Nouvelles de Pétersbourg* la peinture par un écrivain romantique des contradictions entre ses idéaux esthétiques et la réalité effrayante de l'époque.

Quoi qu'il en soit, les *Nouvelles de Pétersbourg* offrent, à travers le cadre de Pétersbourg, une vision panoramique de la société russe. Elles s'attardent cependant sur un milieu plus particulier : celui des petits et moyens fonctionnaires.

UNE VISION PANORAMIQUE DE LA SOCIÉTÉ RUSSE

À travers toutes les *Nouvelles de Pétersbourg*, le lecteur peut s'imaginer la société russe à l'époque de Gogol. Cette société apparaît d'abord comme hiérarchisée, caractérisée par des contrastes et un cloisonnement qui sont la conséquence du régime féodal. En même temps, on y devine une transition vers le capitalisme à travers le mercantilisme.

Une société très hiérarchisée

• La Russie féodale

Certes, Gogol n'évoque pas directement la Russie rurale dominée par les propriétaires fonciers, encore possesseurs de serfs. Il le fera en 1842 dans *Les Âmes mortes*. Il situe les récits des *Nouvelles de Pétersbourg* dans une société urbaine. Néanmoins, le lecteur peut y entrevoir au moins trois allusions à la féodalité.

Dans « La Perspective Nevski », Gogol cite les moujiks (p. 45) parmi les représentants du « peuple russe » juste après les « indigents ». En mentionnant ces paysans qui errent sur le pavé de Pétersbourg, l'auteur rappelle certaines conséquences du servage. Ou bien ces moujiks ont fui la terre de leur seigneur sur laquelle ils étaient exploités, ou bien ils complètent leur maigre revenu par un emploi d'ouvriers.

Mais c'est dans « Le Nez » que Gogol évoque le plus crûment le servage, même si c'est de façon passagère. À propos des annonces à publier dans les journaux, Gogol énumère en vrac : « un cocher d'une sobriété parfaite ; une calèche [...] ; une fille de dix-neuf ans, blanchisseuse de son métier [...] un solide *drojki* [...] » (p. 214). C'est rappeler que le servage autorisait à vendre et à acheter des êtres humains comme des marchandises. À Kovaliov, l'employé demande si « le fugitif est l'un de vos serfs ? » (p. 215) : c'est une allusion à un phénomène bien réel.

Enfin dans « Le Manteau », une allusion à l'affranchissement du tailleur Pétrovitch (p. 245) indique qu'il s'agit d'un ancien serf qui a pu acheter sa liberté à son seigneur.

• Une société cloisonnée

Très habilement, Gogol fait de la célèbre Perspective Nevski le lieu où défilent des représentants de toutes les classes sociales, sans qu'ils puissent tous se côtoyer.

Après les vieilles mendiantes et les indigents, Gogol cite les « tenanciers de magasins et leurs commis » puis le « peuple besogneux », en particulier les moujiks (p. 45). Or leur présence est, selon le narrateur, incompatible avec celle des « dames » (représentantes des classes aisées). Celles-ci viendront à leur heure.

Entre-temps, Gogol énumère les « précepteurs de toutes nationalités » et les « gouvernantes » (p. 46) : cela renvoie au rôle de l'enseignement à domicile dans le système éducatif russe, en voie de développement.

L'expression « tendres auteurs de leurs jours » (p. 46) pour désigner les parents d'élèves est vague. Comme le montrent cependant certains détails – la possession de chevaux, une vie riche en loisirs –, l'expression renvoie aux classes aisées de la population, au moins à la noblesse moyenne.

Plus longuement, Gogol évoque les fonctionnaires, en majorité dans cette capitale bureaucratique qu'est Pétersbourg. Il les situe déjà sur une échelle qui va des « supérieurs » (p. 47) aux inférieurs que sont les conseillers titulaires et les enregistreurs de collège (p. 49 et 51). Nous reviendrons sur cette hiérarchie à l'intérieur de la hiérarchie sociale. Mais ces fonctionnaires, quant à eux, peuvent côtoyer les nobles oisifs : ceux « qui ont pour occupation de se promener » (p. 49).

• Le drame de l'artiste, révélateur de contrastes sociaux

Les contrastes sociaux sont précisés dans « La Perspective Nevski » et se retrouvent dans « Le Portrait ».

Dans l'histoire de Piskariov, le premier rêve du jeune peintre pauvre donne lieu à la peinture d'un milieu qui apparaît comme celui de la haute noblesse, proche de la cour impériale. C'est ce dont témoignent certains détails comme le décor de l'hôtel particulier, avec ses laquais, son orchestre, certains personnages que rencontre Piskariov, tels « des gentilshommes de la chambre en superbes uniformes » (p. 64). Outre les « transparentes créations de Paris » (p. 63) dont les dames sont vêtues, l'emploi de l'anglais et du français, au lieu du russe, caractérise la noblesse de l'époque. Le français, langue diplomatique, était en effet considéré comme la langue de l'Europe, donc la langue des gens du monde ; le russe, en revanche, était la langue du peuple.

Ce dernier trait est repris sur le mode satirique dans « Le Portrait[1] ». Le caractère fermé de l'aristocratie est confirmé par la manière dont Tchartkov accueille une invitation à dîner comme une faveur exceptionnelle. « Jusqu'alors il avait jugé ces êtres-là inaccessibles, uniquement créés et mis au monde pour rouler dans de belles voitures, avec cochers et valets de pied de grand style, et n'accordant aux pauvres piétons que des regards indifférents » (p. 123).

---

1. Voir le chapitre 8.

Alors que Piskariov mourra dans sa mansarde, image de sa réalité face au rêve, Tchartkov perdra son talent pour avoir répondu aux goûts superficiels de ses nobles clients.

Le caractère fermé de l'aristocratie (haute noblesse) est confirmé par l'histoire de Pirogov qui, sans drame, se contente des gens de son milieu d'officiers, « une espèce de classe intermédiaire de la société » (p. 76). Le narrateur est catégorique à ce sujet : « Le grand monde, ils n'y accèdent que rarement, ou pour mieux dire, jamais : ils en sont totalement évincés par ceux qu'on appelle, dans ledit monde, des aristocrates » (p. 77).

Une société mercantile

« Le Portrait » montre abondamment, à travers le personnage de l'usurier, le rôle de l'argent corrupteur[1].

Une fois en possession du trésor qui est tombé du tableau représentant l'usurier, Tchartkov s'installe dans un superbe appartement et décide de « violenter la gloire » (p. 118), en commençant une carrière de peintre riche et à la mode. Or, que s'empresse-t-il de faire ? Il corrompt le directeur d'un journal pour que celui-ci vante son « extraordinaire talent » (p. 118). Il continuera ensuite de se vendre. Et il en arrivera logiquement à substituer à la passion de la gloire, qui finit par l'ennuyer, celle de l'or (p. 132).

Mais le cas de Tchartkov n'est pas isolé. La seconde partie du « Portrait » situe la nouvelle dans le contexte du XIXe siècle. Le narrateur, regrettant l'époque des mécènes, constate que « notre XIXe siècle a depuis longtemps pris la fâcheuse figure d'un banquier, qui ne jouit de ses millions que sous forme de chiffres alignés sur le papier » (p. 139).

LA PEINTURE DES FONCTIONNAIRES

La peinture des fonctionnaires constitue un des apports les plus originaux de Gogol et a contribué à son succès. Elle s'impose dans trois nouvelles célèbres : « Le Journal d'un

1. Voir le chapitre 7.

fou », « Le Nez » et « Le Manteau », même si ces récits nese limitent pas à leur aspect sociologique. Elle est annoncée au début de « La Perspective Nevski ».

La hiérarchie civile

• La table des rangs

Les fragments de vie de fonctionnaires qu'offrent les *Nouvelles de Pétersbourg* sont subordonnés à la place de ces fonctionnaires dans la table des rangs. Cette table, promulguée en 1722 par le tsar Pierre le Grand, énumère, dans l'ordre décroissant, quatorze rangs à l'intérieur de quatre hiérarchies : hiérarchie de la Cour (du grand chambellan, grand maréchal à l'inspecteur des tentes), hiérarchie militaire (du feld-maréchal à l'enseigne), hiérarchie civile (du chancelier, conseiller intime de 1re classe, à l'enregistreur de collège – greffier – et au maître d'école) et enfin hiérarchie ecclésiastique (du métropolitain au sacristain). Il s'agissait, dans l'esprit de Pierre le Grand de récompenser les serviteurs de l'État et de créer une « noblesse de service » ou « noblesse de rang » à côté de la noblesse dite de souche.

Les fonctionnaires appartenaient à la hiérarchie civile. Appelés « notables bourgeois » du quatorzième au neuvième rang inclus, ils accédaient à la « noblesse personnelle » par un examen. Ils accédaient à la « noblesse héréditaire », pour services rendus, à partir de cinquième rang.

Poprichtchine, le « fou », et Akaki, héros du « Manteau », sont restés des conseillers titulaires, au neuvième rang : ce sont encore des petits fonctionnaires. En tant qu'assesseur de collège, Kovaliov, héros du « Nez », est au huitième rang : il a donc acquis la noblesse personnelle. Mais le Nez en uniforme, conseiller d'État, donc au cinquième rang, a droit à la noblesse héréditaire. Dans ces hauts grades, les fonctionnaires sont admis dans l'aristocratie de souche, comme le montre le rêve de Piskariov, dans « La Perspective Nevski » (p. 64).

• Le culte du grade ou « tchinomanie »

« Quant au grade (car chez nous, c'est toujours par cette indication qu'il faut commencer) » (p. 237), écrit Gogol au début du « Manteau ». En effet, l'importance de la place occupée par chacun dans la table des rangs a donné lieu à un phénomène social typiquement russe : le culte du grade (*tchin*, en russe). Les *Nouvelles de Pétersbourg* illustrent ce phénomène.

Le héros du « Journal d'un fou », Poprichtchine, devient fou, non seulement par jalousie, mais parce que la fille du directeur lui a préféré Tieplov, un gentilhomme de la chambre (du souverain). Refusant la réalité de son modeste grade de conseiller titulaire, il dénonce le culte du grade chez les autres : « Beaucoup de fonctionnaires ont couru, à qui se présenterait le plus vite » (p. 191). Mais c'est pour s'identifier à Ferdinand VII, roi d'Espagne !

Dans « Le Nez », Kovaliov ne pousse pas le culte du grade jusqu'à la folie. Mais il se vante d'avoir obtenu son grade administratif au Caucase, c'est-à-dire en tant que militaire contre les populations révoltées. Aussi préfère-t-il, à l'appellation d'assesseur de collège, celle de major, au huitième rang de la hiérarchie militaire. Et surtout, comme le souligne Gogol narrateur, la susceptibilité de Kovaliov est moins liée à sa personne qu'à « son grade ou son état » (p. 219).

Le culte de son propre grade s'accompagne chez Kovaliov du culte qu'il voue à des personnes de grades supérieurs, qu'il s'agisse de la vie militaire, comme « Pélagie Grigorievna, une veuve d'officier supérieur » (p. 215) ou de la vie civile, tel ce « conseiller aulique auquel il donnait volontiers du lieutenant-colonel, surtout en présence d'un tiers » (p. 211). Kovaliov se fait ainsi valoir par le biais d'une relation dont le grade est d'un rang (le septième) supérieur au sien. Dès lors, retrouvant son nez sous la forme d'un conseiller d'État (cinquième rang), ne réalise-t-il pas un rêve[1] ?

Enfin, dans « Le Manteau », Akaki, « l'éternel conseiller titulaire » (neuvième rang) ne paraît guère animé par le culte du grade, sauf lorsqu'il s'agit de copier des pièces « adressées à des personnages nouvellement nommés ou haut placés » (p. 242). Mais, à la recherche de son manteau volé, il s'adresse à un « personnage important » qui, lui, incarne ce culte.

---

1. Voir le chapitre 20.

Le narrateur présente d'emblée ce personnage comme pétri de son importance récente et relative et respectant à la lettre la voie hiérarchique (p. 265) Le culte du grade a provoqué chez lui des comportements que le narrateur énonce avant de les mettre en scène, au moment de l'arrivée d'Akaki. Aimable avec ses égaux, ce fonctionnaire devient, avec « des personnes inférieures, ne fût-ce que d'un grade, au rang qu'il occupait dans la hiérarchie [...] aussitôt insupportable » (p. 266).

En présence d'Akaki, le fonctionnaire fait comme s'il expérimentait son importance, oubliant toute humanité. Il lui reproche de ne pas avoir suivi la voie hiérarchique, de l'employé de service à son secrétaire. Et surtout, il s'identifie avec son grade lorsqu'il dit : « Savez-vous à qui vous tenez ce langage ? Comprenez-vous devant qui vous êtes ? » (p. 268-269.)

La vie des fonctionnaires

À travers les trois nouvelles, Gogol permet d'imaginer la vie quotidienne de petits employés de ministères, comme Poprichtchine et Akaki. La vie de Kovaliov, encore à la recherche d'un emploi correspondant à son grade, supérieur à celui des deux autres, est celle d'un fonctionnaire moyen.

• Le travail du petit fonctionnaire

Poprichtchine « taille les plumes de Son Excellence », son directeur (p. 167). Akaki est « occupé à la même besogne d'expéditionnaire » (p. 239), c'est-à-dire qu'il copie des documents depuis son entrée au ministère. Autant dire que ce travail monotone peut conduire à transformer le petit employé en automate[1].

• Les conditions de vie du « petit homme »

Le travail des petits fonctionnaires ne leur « rapporte absolument rien » (p. 168), comme le déplore Poprichtchine. D'ailleurs, au début du « Manteau », le traitement d'un conseiller titulaire est évalué par Gogol à « quatre cents roubles » (p. 244).

---

1. Voir le chapitre 8.

Ce traitement plus que modeste explique déjà la pauvreté vestimentaire d'Akaki, vêtu d'une « pelisse » usée par les ans, comme la « vieille capote » (p. 168) de Poprichtchine.

Et, dans « Le Manteau », l'achat d'un manteau neuf par Akaki aura pour prix une somme économisée depuis quarante ans, puis une année de restrictions sur le thé, l'éclairage, la blanchisserie et même le souper.

Le logement de ces petits fonctionnaires ne peut être que médiocre, lui aussi. Poprichtchine s'écrie, à propos de la maison Zverkov, même s'il n'y habite pas : « C'est une véritable caserne ! [...] Et les fonctionnaires de mon espèce y sont entassés les uns sur les autres comme des chiens ! » (p. 171.) Akaki habite dans un logement modeste. C'est ce qu'indique le narrateur lorsqu'il dit, à propos d'un sous-chef de bureau : « Il est en tout cas certain que ledit fonctionnaire résidait dans l'un des beaux quartiers, et par conséquent très loin d'Akaki Akakiévitch » (p. 258).

Toutefois, Poprichtchine peut encore se vanter de s'être procuré une « modeste aisance » (p. 186), alors qu'Akaki est voué à l'isolement du pauvre.

• **La vie du fonctionnaire moyen**

Elle est illustrée par le personnage de Kovaliov.

Sa situation matérielle n'a rien de pitoyable. Certes, au retour de « démarches infructueuses » pour retrouver son nez, « son logis lui parut d'une tristesse, d'une laideur infinies » (p. 219). Et le détail du « divan de cuir sordide » peut traduire cette laideur. Mais le divan est de cuir. À la différence des petits employés, Kovaliov a les moyens de se faire raser « le mercredi et le dimanche » (p. 202) et de soigner sa tenue vestimentaire : « Son col et son plastron étaient toujours admirablement empesés » (p. 207).

Quant aux loisirs de Kovaliov, ce sont ceux d'un homme sociable. Outre les soirées avec des amis et la fréquentation des cafés, ce sont la promenade et le théâtre. Cela ne signifie pas que Gogol n'en voie pas les limites[1].

La société russe de l'époque de Nicolas Ier est donc bien identifiable dans les *Nouvelles de Pétersbourg*.

---

1. Voir le chapitre 8.

5 Les personnages secondaires

Le texte des *Nouvelles de Pétersbourg* est relativement bref, leurs sujets assez simples. Le lecteur de ces cinq récits éprouve toutefois une impression de complexité, de richesse, un sentiment de fourmillement du réel. Ceci est dû en partie à la multiplicité des personnages secondaires hauts en couleur qui grouillent à proprement parler tout au long des *Nouvelles de Pétersbourg*. Ils jouent un rôle majeur dans l'économie narrative du texte, repoussant même parfois au second plan l'intrigue principale.

UNE FRAGMENTATION DE SOLITUDES

La grande ville moderne est un espace parcouru en permanence par une multitude de personnes que tout sépare. La circulation incessante, les rencontres fortuites permettent d'introduire dans l'espace du récit les échantillons humains les plus variés.

L'ouverture que l'on pourrait qualifier d'unanimiste de « La Perspective Nevski » est très caractéristique à cet égard. La Perspective est le lieu où défile pratiquement tout Pétersbourg. Et l'auteur d'énumérer les diverses sortes de gens qui parcourent la célèbre artère selon les heures du jour ou de la nuit. Le matin, la Perspective Nevski est vide ou plus exactement peuplée de miséreux, de représentants du bas peuple aux bottes sales et au parler énergique. À midi, précepteurs et élèves envahissent les trottoirs. Puis vient le tour de leurs parents, des fonctionnaires en mission spéciale et des fonctionnaires des Affaires étrangères. Vers trois heures on ne voit plus que des fonctionnaires en uniformes verts : vieux conseillers titulaires ou auliques, jeunes enregistreurs de collège ou secrétaires de département. À partir de quatre heures, la Perspective est déserte et seuls y rôdent quelques personnages atypiques : couturière, un carton sur les bras, longue Anglaise, son réticule et un livre à la main, encaisseur, manœuvre, hurluberlu égaré. Le soir venu, l'avenue se peuple de jeunes hommes pour la plupart célibataires et qui semblent à la recherche d'un but de toute évidence érotique. Il n'est toutefois pas impossible d'y rencontrer de respectables vieillards attirés par les lèvres charnues et les joues fardées de quelque dame. Enfin commis de boutique, artisans, commerçants se promènent bras dessus, bras dessous.

DES CONSCIENCES REPLIÉES SUR ELLES-MÊMES

Cette foule est évoquée avec un grand luxe de détails significatifs, ceux qui frappent l'énonciateur. Il s'agit la plupart du temps de parties du corps ou du vêtement (nez, favoris, manches, tailles). Nous avons déjà évoqué[1] cet emploi quasi systématique du procédé de la synecdoque (figure de rhétorique qui consiste à prendre la matière pour l'objet, le tout pour la partie). Ici, l'art de Gogol évoque avant la lettre les techniques cinématographiques expressionnistes[2]. La Perspective Nevski regroupe bien la population de Saint-Pétersbourg, mais cette réunion est fallacieuse. Classes et sous-classes sont soigneusement séparées et font des apparitions successives qui évoquent un ballet soigneusement réglé. Il n'y a pas de communication entre les uns et les autres. La foule qui défile en un mouvement tout à la fois perpétuel et figé est formée de consciences repliées sur elles-mêmes et auxquelles les autres apparaissent comme autant d'objets ou fragments d'objets. Ces derniers se démultiplient à l'infini, d'où les interrogations rhétoriques et les exclamations portant sur la quantité (« combien ! », « que de ! »).

---

1. Voir ci-dessus p. 30.
2. Art qui insiste sur l'intensité de l'expression (grossissement du trait, effets d'éclairage). On peut citer les films de Fritz Lang *Le Testament du docteur Mabuse* ou *Métropolis*.

C'est un peu de la même façon qu'est évoqué le quartier de Kolomna dans « Le Portrait ». Refuge des laissés-pour-compte de la grande ville, il abrite fonctionnaires retraités, veuves, petites gens. L'écrivain évoque tour à tour les individus « cendreux » (p. 142) qui le peuplent : employés de théâtre à la retraite, conseillers titulaires, anciens militaires ; les veuves titulaires d'une pension et pourvues d'une jeune fille effacée, d'un vieux toutou et d'une pendule constituent l'aristocratie du lieu. On y rencontre également des comédiens, des vieilles qui prient et des vieilles qui s'enivrent, enfin des vieilles qui s'enivrent et qui prient tout à la fois. D'aucunes traînent à grand-peine d'infâmes guenilles depuis le pont Kalinkine jusqu'au quartier des fripiers pour assurer à grand-peine leur maigre subsistance.

DE L'INDIVIDU AU GROUPE

Partant d'un individu précis, Gogol aime à passer au groupe dont il est représentatif. Ainsi naissent des tableaux de genre peuplés de personnages secondaires caractéristiques du groupe et saisis dans l'exercice de leurs occupations favorites. C'est ainsi que nous voyons défiler : artisans allemands, assesseurs de collège, comédiens de Kolomna occupés à réparer des pistolets, à fabriquer des objets en carton et à jouer aux cartes et aux échecs. Les peintres pétersbourgeois contrastent avec la masse de la population pétersbourgeoise composée de fonctionnaires et d'artisans. Ce sont gens paisibles, discrets et timides. Et l'auteur de décrire leurs modestes modèles, le bric-à-brac de leurs ateliers, leurs vaines tentatives d'élégance. Tout autres sont les officiers du type de Pirogov qui constituent une sorte de classe intermédiaire de la société. Habitués des salons de la classe moyenne, ils sont passés maîtres dans l'art de faire rire les jeunes filles à marier. En dépit de goûts assez discutables, ils se piquent de connaître la littérature et de fréquenter les théâtres. Le mariage avec la fille de quelque gros négociant nantie d'une riche dot et d'une abondante parenté barbue marque le sommet de leur carrière.

L'INTRIGUE GÉNÉRATRICE DE PERSONNAGES SECONDAIRES

Artisans, petits fonctionnaires, employés de police, médecins, l'intrigue génère une prolifération de personnages secondaires dont la route croise à un moment ou un autre celle des personnages centraux.

« La Perspective Nevski »

Dans « La Perspective Nevski », Piskariov se retrouvant dans une maison de passe, rencontre trois pensionnaires de l'établissement. L'une interroge les cartes, la seconde joue du piano avec deux doigts tandis que la troisième se peigne sans songer à interrompre sa toilette à l'arrivée d'un inconnu. Le même Piskariov se procure de l'opium chez un mystérieux Persan qui n'est pas sans évoquer l'usurier oriental du « Portrait ».

Les aventures de Pirogov, compagnon et antithèse de Piskariov le conduiront chez un artisan allemand, Schiller[1], ferronnier de son état qu'il trouve en compagnie de son ami Hoffmann[2], bottier. Tous deux sont ivres. On remarque bien sûr l'utilisation des noms propres en contre-emploi.

« Le Portrait »

Dans « Le Portrait », les rebondissements de l'intrigue conduisent le lecteur chez un pittoresque marchand de tableaux, puis lui font rencontrer un commissaire bon enfant et amateur d'art mandé par un propriétaire en colère.

Le défilé des clients chez le jeune peintre donne à l'auteur l'occasion de présenter de nouveaux personnages secondaires. L'écrivain évoque plus longuement la première cliente qui vient, accompagnée de Lisa, sa fille.

---

1. Le nom de cet artisan évoque naturellement Friedrich von Schiller (1759-1805). Auteur de drames historiques (*Les Brigands, Don Carlos, Walenstein*) et de poésies lyriques, il exerça une grande influence sur les écrivains romantiques français.
2. Ernst Theodor Amadeus Hoffmann (1776-1822). Écrivain romantique, auteurs d'opéras et de récits fantastiques (*Contes des frères Sérapion, La Princesse Brambilla, Le Chat Murr*).

Des récits dans le récit relatent la dégradation morale qui touche tous ceux qui eurent un jour affaire au mystérieux usurier. Ils font surgir de nouveaux personnages épisodiques. Un jeune seigneur, jadis généreux mécène animé de nobles intentions, accepte l'argent de l'usurier. Aussitôt, il se transforme en un être vil et soupçonneux et causera la perte de nombre d'innocents avant d'être destitué de sa charge. Puis c'est le prince R. qui, à peine marié à la femme admirable qu'il adorait, se transforme en tyran et en bourreau de son épouse, manque de l'égorger avant de retourner son arme contre lui.

« Le Journal d'un fou »

Poprichtchine, le triste anti-héros du « Journal d'un fou », partisan convaincu de la concussion évoque la vie des diverses catégories de fonctionnaires. Ils touchent des pots de vins substantiels : une calèche ou un manteau de castor d'une valeur approximative de trois cents roubles. Le même Poprichtchine trace un portrait au vitriol de son irascible chef de section.

« Le Nez »

C'est peut-être « Le Nez » qui offre la plus pittoresque prolifération de personnages secondaires. Le récit s'ouvre sur la macabre trouvaille d'un barbier découvrant un nez dans son petit pain chaud et discutant l'événement avec son acariâtre épouse. Ensuite, passe la silhouette d'un officier de police que nous retrouverons, ainsi que le barbier, à la fin du texte. De façon très moderne, Gogol laisse la narration en suspens en confiant au lecteur le soin de rétablir ou d'imaginer les faits à sa guise. Tout au plus apprenons-nous qu'entre-temps le barbier a été incarcéré.

L'apparition du personnage principal, Kovaliov, donne ensuite à Gogol l'occasion de faire un long développement sur les différentes sortes d'assesseurs de collège qui existent en Russie.

Les recherches de Kovaliov le conduisent à mettre une annonce dans un journal et le lecteur découvre ainsi d'autres personnages à la lecture des annonces. On y vend[1] un cocher d'une sobriété parfaite et une fille de dix-neuf ans, blanchisseuse de son état. Ils voisinent avec une calèche, un cheval, des graines de navets et de radis, une maison de campagne, ce qui laisse penser que la valeur des êtres humains n'est en rien supérieure à celle des objets. Le nez retrouvé, Kovaliov a recours aux services d'un médecin, heureux possesseur d'une femme appétissante et de favoris d'ébène. (Encore des éléments que la syntaxe met sur le même plan !)

« Le Manteau »

Enfin « Le Manteau » s'ouvre sur l'évocation de personnages secondaires existants et inexistants. Ce sont tout d'abord la mère et les parrains et marraines du futur fonctionnaire, Ivan Ivanovitch Iérochkine et Irène Sémionovna Biélobriouchkov[2]. Leur recherche d'un prénom pour le nouveau-né fait surgir une série de personnages virtuels groupés en deux séries de trois et une série de deux : les saints et martyrs Mosée, Sosie et Cosdazat puis Triphylle, Dulas et Barachise, enfin Pausicace et Bactisoès. Tous ces noms sont désespérants d'étrangeté et de cocasse. Reste à savoir si Akaki Akakiévitch avec son redoublement phonique indécent (on y entend le verbe qui signifie en russe « conchier ») sonne vraiment mieux...

Pétrovitch, le tailleur est, lui aussi, un des plus célèbres personnages secondaires du « Manteau ». Autoritaire et tout-puissant il est assis telle une divinité orientale, les jambes croisées sous lui (en tailleur !) et exhibe un ongle déformé qui évoque une carapace de tortue.

Étonnant aussi ce « personnage important » qui se joue la comédie du pouvoir, se fait donner de l'Excellence et se délecte à terroriser les pauvres hères venus solliciter ses faveurs. Juste retour des choses, le fantôme du fonctionnaire brutalement éconduit lui arrache son propre manteau. Ensuite, un autre fantôme, moustachu, lui, aussi grand et fort que l'autre était petit et insignifiant fait son apparition et détrousse à son tour les passants. Mais ce

1. À l'époque, le servage existait encore en Russie.
2. Nom qui signifie « ventre blanc ».

personnage secondaire qui clôt le récit sur une pirouette n'est-il pas, comme le suppose Nabokov[1], le voleur du manteau d'Akaki Akakiévitch[2] ?

LES PERSONNAGES SECONDAIRES NÉS D'UN DISCOURS EN LIBERTÉ

Les personnages secondaires nés de la syntaxe

Le texte des *Nouvelles de Pétersbourg* est tout entier marqué d'oralité. Le narrateur adopte souvent le ton d'un bavard qui raconterait négligemment une histoire en s'interrompant, en se contredisant, en se lançant dans de multiples digressions où apparaissent précisément les personnages secondaires. Par ailleurs les dialogues sont nombreux, les interlocuteurs passent souvent du coq à l'âne, s'éloignent volontiers de leur sujet principal pour conter telle ou telle anecdote. Ceci a pour conséquence de faire surgir de nouveaux personnages secondaires.

Dans son essai sur Gogol, Vladimir Nabokov écrit[3] :

> Les personnages périphériques [de son roman] sont engendrés par les clauses subordonnées de ses diverses métaphores, comparaisons et explosions lyriques[4]. Nous sommes en face de ce remarquable phénomène : de simples formes de discours faisant naître des êtres vivants.

« La Perspective Nevski » offre de bons exemples de ces dérives narratives qui entraînent le texte bien loin de son sujet. Ainsi la comparaison des manches des dames avec deux ballons captifs fait surgir l'image d'une dame qui s'envolerait si son mari ne la retenait au sol (p. 48).

À l'occasion de l'évocation du modeste enterrement de Piskariov, le narrateur cite un vieux soldat déguisé en une

---

1. V. Nabokov (1899-1977), écrivain américain d'origine russe.
2. In *Nikolaï Gogol*, La Table ronde, Paris, 1953, repris dans la collection « 10/18 », n° 629, p. 184.
3. V. Nabokov, *Nikolaï Gogol*, « 10/18 », n° 629, p. 100.
4. Il s'agit des développements que comportent les longues comparaisons ou métaphores qu'affectionne Gogol.

espèce de capucin, un charretier qui voiture le cercueil nu de quelque pauvre tandis qu'une vieille mendiante traîne les pieds derrière lui (p. 75).

Les personnages secondaires nés de doublets narratifs

On soulignera tout d'abord la multiplicité des personnages secondaires. Ils parasitent le texte, l'envahissent. Ils se démultiplient, prolifèrent. Chaque individu est accompagné de deux ou trois figures du même type. Akaki Akakiévitch (« Le Manteau ») et Poprichtchine (« Le Journal d'un fou ») sont entourés de fonctionnaires qui leur ressemblent. La femme rencontrée sur la Perspective Nevski est entourée de deux compagnes. Les premières clientes de Tchartkov (« Le Portrait ») sont suivies d'une multitude de mondains désireux de faire exécuter leur portrait. Dans d'autres cas, l'auteur passe de l'individuel au général accroissant de la sorte le nombre des personnages. Ainsi de Pirogov (« La Perspective Nevski ») on passe au type Pirogov, de Piskariov on passe aux peintres pétersbourgeois en général, du propriétaire de Tchartkov (« Le Portrait »), on passe à l'ensemble des propriétaires d'immeubles sis dans la Quinzième Ligne de l'île Basile[1].

Parfois Gogol utilise le doublet narratif (reprise d'un schéma narratif en termes légèrement modifiés), autre moyen de dupliquer. Ainsi, les destins possibles qui auraient pu être ceux de la bien-aimée de Piskariov engendrent différentes variantes rêvées d'un seul et même personnage : la grande dame, la paysanne vertueuse sortie d'une idylle allemande, l'épouse attentive. Chacun de ces personnages suscite une scène en accord avec lui : bal, idylle campagnarde, tableau de famille. Les choses se passent comme si Gogol s'amusait à « essayer » quelques-unes des innombrables potentialités de la vie.

Le redoublement, la redondance sont caractéristiques de l'art de Gogol et concourent à créer l'impression de surabondance qui se dégage de ces nouvelles.

---

1. Les rues de l'île Basile, disposées géométriquement, portent le nom de « lignes ».

6 Les objets, le choix des détails, le réalisme

Les *Nouvelles de Pétersbourg* regorgent de détails de toute sorte. Les objets y jouent un rôle de premier plan. Quatre d'entre elles (« Le Portrait », « Le Journal d'un fou », « Le Nez », « Le Manteau ») ont pour titre un objet.

Épris de précision, Gogol pratique ce que l'on pourrait appeler la vision rapprochée. Les objets minutieusement décrits ont tout d'abord pour fonction principale de créer un effet de réel. Ils servent de repères sociologiques et psychologiques.

Toutefois, leur rôle ne se borne pas à cela. Sous la plume de Gogol, les êtres humains se transforment en objets, se réifient. D'autre part, et dans un mouvement inverse, les objets s'animent, acquièrent le statut de personnes. Ainsi l'auteur entend-il signifier que le monde qu'il nous présente est en voie de déshumanisation. Son propos est d'ordre éthique.

UNE VISION RAPPROCHÉE

Gogol ne procède jamais par tableaux généralisants ou exhaustifs. S'il évoque la capitale, c'est par quartiers, voire par rues.

Loin de dresser comme Balzac des descriptions totalisantes de ses personnages, Gogol leur donne vie grâce à quelques détails frappants (le toupet enduit de pommade du chef de bureau de Poprichtchine, les cheveux « semblables à du foin » de Poprichtchine lui-même, les tics langagiers de Kovaliov, l'ongle de Pétrovitch) qui se gravent dans la mémoire du lecteur. Ces détails sont souvent grotesques, inattendus. Ainsi le fameux portrait d'Akaki Akakiévitch dans « Le Manteau » (p. 237).

Gogol pratique la vision rapprochée, scinde l'objet de la représentation en fragments. L'objet fait souvent partie d'un tout (détail vestimentaire, pièce d'ameublement, bibelot, anomalie physiologique). Cela contribue à morceler la représentation, à la déstabiliser en supprimant la vision d'ensemble souvent porteuse de sens.

OBJETS ET EFFET DE RÉEL

L'objet, signe du réel

La multiplication d'objets pas toujours nécessaires à l'action, voire leur démultiplication, produit un effet de réel en dotant le texte d'une dimension concrète, matérielle.

Le tailleur Pétrovitch est l'une des plus pittoresques figures du « Manteau ». Gogol le montre dans une scène d'anthologie qui semble sortie d'un film tant elle est présente aux yeux précisément grâce aux détails. Pétrovitch formule son diagnostic à propos du vieux manteau tout en plongeant le doigt dans une tabatière ronde ornée du portrait d'un général dont le conteur se trouve dans l'incapacité de dire le nom « car un rectangle de papier remplaçait le visage crevé d'un coup de doigt ».

Les chiens épistoliers se lancent, eux, dans des considérations culinaires circonstanciées qui nous renseignent sur les habitudes gastronomiques du Pétersbourg de l'époque.

L'objet comme repère sociologique

Les objets ont souvent fonction de repères sociologiques. Le début de « La Perspective Nevski » en offre un bon exemple avec l'énumération des différents types de chaussures qui arpentent les trottoirs soigneusement balayés de la Perspective. Il semble que la présentation de l'objet fasse surgir par association son propriétaire. L'objet est premier, préexiste au vivant. Le tableau des premières heures de la matinée est prétexte à brosser plusieurs saynètes de genre (tableaux d'intérieur ou évoquant le quotidien, natures mortes). Leur pittoresque tient au choix de quelques objets qui permettent de visualiser la scène. Les commis dorment encore dans leurs camisoles hollandaises, savonnent leurs joues généreuses ou boivent leur café. Toujours dans « La Perspective Nevski », les pas de Pirogov le conduisent dans un atelier d'artisan empli de vis et de boulons d'outils de serrurier, de limaille de fer et de cuivre.

Les ateliers des peintres pétersbourgeois sont décrits avec le même luxe de détails techniques, la même précision. Nous trouvons dans « Le Portrait » l'évocation précise de tout le bric-à-brac artistique qui emplit le logis de Tchartkov : fragments de bras en plâtre, esquisses abandonnées, toiles encadrées. Avec une précision presque naturaliste, l'auteur va jusqu'à préciser que le domestique du peintre n'hésite pas à fourrer le linge sale sous le cuir déchiré du divan de son maître.

Ces détails sont révélateurs d'une hiérarchie sociale. Dans le cas du peintre, ils indiquent la bohème artistique et aussi une grande pauvreté. L'extrême trivialité des détails choisis par Gogol rapproche son art de celui des peintres de genre.

Poprichtchine remarque que les bibliothèques qui garnissent le bureau de son directeur contiennent en majorité des livres allemands ou français. Ce détail renvoie à une réalité historico-culturelle : la classe supérieure usait presque uniquement du français. Les cultures allemandes et françaises exerçaient une très forte influence en Russie.

L'habit, souvent lié au grade, tient une place prépondérante dans les *Nouvelles*. Dans un premier temps, Poprichtchine est honteux de se montrer à l'objet de sa flamme dans un manteau démodé. Plus tard, lorsque la révolte commence à l'emporter sur la résignation, il s'imagine en uniforme de général, une épaulette sur l'épaule droite, une autre sur l'épaule gauche et un ruban bleu ciel en écharpe. Enfin, il lacère son uniforme neuf pour y tailler la cape qui convient au roi d'Espagne qu'il a désormais décidé de devenir. Cette métamorphose qui passe par une destruction est bien évidemment symbolique de la haine qu'il éprouve pour sa condition et de sa mégalomanie. Dans « Le Nez », le bicorne, l'uniforme, le grand col droit indiquent que l'appendice nasal du major Kovaliov est désormais investi d'une importante mission. En revanche, le vieux manteau élimé d'Akaki Akakiévitch dont le col sert au fil des années à rapiécer les autres parties du vêtement signale l'insignifiance de son propriétaire. La femme de Pétrovitch, personnage épisodique s'il en est, porte, nous dit-on, non point le fichu mais le bonnet, signe de son appartenance à la classe des petites-bourgeoises. On peut multiplier les exemples.

L'objet comme repère psychologique

Quelques mots suffisent à camper la silhouette menaçante d'un agent de police telle que l'imagine le barbier du « Nez », à rendre compte de sa peur :

> Il crut voir apparaître une épée, un collet rouge vif brodé d'argent..., et se prit à trembler de tout le corps.
>
> (« Le Nez », p. 203.)

Quelques instants plus tard, la vision se matérialise :

> [...] il aperçut au bout du pont un exempt de police à l'extérieur imposant : larges favoris, tricorne, épée au côté.
>
> (« Le Nez », p. 205.)

La jeune femme qui a charmé Piskariov porte un « manteau chatoyant, qui tantôt s'illuminait d'un vif éclat à mesure qu'il approchait de la lumière d'un réverbère, tantôt se couvrait momentanément de ténèbres en s'en éloignant » (p. 52). Cette opposition entre la brillance et les ténèbres rend compte de la dualité du personnage : son éclatante beauté dissimule sottise et vice. Ce vice se concrétise dans les détails caractéristiques de la maison de passe où elle conduit Piskariov : meubles poussiéreux, toiles d'araignée aux moulures du lambris, désordre, femmes désœuvrées.

Cette recherche du détail, de l'objet typique, signifiant tant du point de vue sociologique que psychologique, apparente l'écriture des *Nouvelles* à la tendance réaliste.

Une multiplicité d'objets et de détails se bouscule sur un nombre de pages relativement petit. Cette profusion élargit le texte et confère à des miniatures une dimension monumentale.

RÉIFICATION[1] DE L'HUMAIN, HUMANISATION DE L'OBJET

La synecdoque

La synecdoque[2] est la figure principale utilisée dans la première partie de « La Perspective Nevski ». Ce ne sont pas des êtres humains, encore moins des personnes, des individus doués de libre arbitre qui parcourent la célèbre avenue, mais des objets. Favoris, moustaches, robes, écharpes, tailles, bagues, yeux, cravates, nez se croisent et se saluent. Ils exhibent formes et couleurs les plus variées, observent toutes les règles du jeu social. La figure de style crée une sorte de surréalité, elle-même révélatrice des réalités cachées. Tous ces gens qui paradent sur l'artère principale de la ville ont pour valeur suprême l'apparence, le faux-semblant, le masque social. Or, coiffures, vêtements, parures obéissent précisément à un code social qui permet de classer immédiatement l'individu. Obsédés par ces codes, les habitants de Saint-Pétersbourg se transforment réellement en ce qui constitue l'objet de leur passion. Ils sont réifiés, transformés en choses, perdent leurs qualités humaines. Le procédé stylistique donne à voir la réalité morale.

Humanisation de l'objet

• Le portrait vivant

À l'inverse, dans « Le Portrait », le portrait de l'inquiétant usurier semble prendre vie. Ses yeux pénétrants épouvantent les femmes du peuple. Plusieurs fois, au cours d'un rêve à répétition, Tchartkov croit le voir sortir de son cadre pour venir compter ses rouleaux d'or à son chevet. Il a ensuite l'impression que le visage maudit allonge les lèvres vers lui comme pour l'aspirer. Des mésaventures du

---

1. *Réification* : transformation de l'être humain en objet.
2. *Synecdoque* : figure de style consistant à prendre la partie pour le tout ou le tout pour la partie.

même ordre ont frappé les autres propriétaires du portrait. Le lecteur l'apprend dans la seconde partie du texte.

On trouve le thème de la représentation qui s'anime dans les légendes à caractère religieux. Ce thème est également cher à l'imaginaire romantique, car il illustre l'idée que l'art crée un autre monde, un monde supérieur mais non moins réel que celui dans lequel nous nous mouvons.

• Un nez haut fonctionnaire

Dans la nouvelle « Le Nez », cette partie du corps de Kovaliov se trouve détachée de l'ensemble et susceptible de se retrouver dans les lieux les plus incongrus. Le nez prend soudain une majuscule (le Nez), dissimule son visage dans son col quand il ne fronce pas les sourcils, parle et surtout arbore l'uniforme de conseiller d'État. Plus tard, on l'arrête au moment où il s'apprête à prendre la diligence pour Riga costumé en fonctionnaire, et seules de bonnes lunettes permettent au policier d'éventer la supercherie.

Qu'en est-il au juste de ce nez (ou Nez) ? À quoi ressemble-t-il ? Est-ce un homme, un objet, une métaphore, un rêve, un miracle ? Le coup de génie de Gogol consiste précisément à laisser le lecteur dans l'incertitude. Nous savons que ses dimensions varient du très grand au très petit. Tantôt on peut l'introduire dans un petit pain ou le plier dans un mouchoir, tantôt il semble de stature imposante, porte tricorne et plumage.

L'interprétation sociologique est bien entendu la plus simple. Dans un monde totalement déshumanisé où seule compte la hiérarchie, n'importe quoi peut s'affirmer n'importe qui, pourvu que soient présents les signes extérieurs correspondant au grade revendiqué. Les connotations sexuelles (le nez symbole de virilité[1]) sont en revanche évidentes et ont été signalées bien avant les travaux systématiques du professeur Ermakov[2].

Toutefois aucune de ces interprétations n'éclaire le mystère du Nez. Labile, incertain, menaçant, l'objet en révolte suscite l'angoisse. Au lieu d'être un jalon, un repère, il

---

1. Voir le chapitre 19.
2. I. D. Ermakov, *Essais d'analyse de l'œuvre de Gogol* (essai psychanalytique). En russe. M. P. 1922-1923.

ouvre une trouée en direction des fondements irrationnels du monde. S. Karlinsky écrit :

> Comme toutes les œuvres authentiquement surréalistes, « Le Nez » oppose une résistance opiniâtre à la paraphrase comme à la réduction symbolique. Y voir seulement une farce à sous-entendu sexuel ou une satire de la société ne mène pas à grand-chose. Mais comme représentation visionnaire du surréel dans le quotidien, comme révélation de l'absurde métaphysique, comme exemple de « nonsense » inspiré, ce récit n'a pas son pareil[1].

• Le Manteau, objet d'une passion

Le mot « manteau » est en russe du genre féminin *(chinel')*.

Autant Akaki Akakiévitch est désincarné, créature d'encre et de papier, autant le manteau est terrestre, riche de matière. Des mois durant, Akaki Akakiévitch a rêvé à son drap, à sa doublure, à la fourrure de son col. Le manteau s'est nourri au sens propre du terme de la vie d'Akaki Akakiévitch. Celui-ci ne s'est-il pas imposé maintes privations pour réunir la somme nécessaire ? Le manteau est l'enfant, l'œuvre d'Akaki Akakiévitch autant que du tailleur.

Sur le manteau se sont cristallisés tous les désirs d'Akaki Akakiévitch, tout son amour. Le manteau le fait exister en tant que personne, le réhabilite. Il en rêve, en fait sa nourriture spirituelle, son idéal. Bientôt le manteau devient une compagne de vie, une amie chérie.

La perte de l'idéal, de l'objet aimé, de la projection positive de soi engendre la mort, inéluctablement. En ce sens, on peut parler de la passion d'Akaki Akakiévitch au double sens du terme (amour passionné et martyre).

Le monde des objets permet à Gogol d'exhiber son talent dans les registres les plus divers. Les objets concourent à mettre en place l'illusion réaliste qui fournit une première grille de lecture. C'est également grâce à la présence d'objets que le texte glisse parfois vers l'absurde (« Le Nez ») ou acquiert une signification éthique et symbolique (« La Perspective Nevski », « Le Journal d'un fou », « Le Manteau »).

---

1. S. Karlinsky, *The Sexual Labyrinth of Nikolaï Gogol*, Harvard University, 1976, p. 130.

7 L'argent

L'argent est constamment présent dans les *Nouvelles de Pétersbourg*. Il y accompagne les changements de fortune des protagonistes, les élévations sociales et les chutes. Lié au processus d'industrialisation et d'urbanisation, l'argent devient le fondement de toute la société. Il détermine la différenciation sociale entre les individus, décide des destins. Il engendre également un certain nombre de pratiques caractéristiques : l'usure et la concussion fleurissent. Le manque d'argent, le désir de s'en procurer facilement pour s'arracher à une condition dure et subalterne donnent également naissance à la prostitution, plaie des grandes villes. Enfin, c'est l'argent qui décide de l'intégration des individus dans les couches favorisées de la société ou de leur rejet définitif. L'argent a donc d'abord et avant tout un rôle social.

Il a également un rôle symbolique. De ce point de vue, sa signification va bien au-delà d'une quelconque valeur marchande d'acquisition ou d'échange. L'argent est en effet le médiateur du désir, le révélateur des pulsions enfouies, l'intermédiaire magique qui permet de les réaliser. Le rapport de l'homme à l'argent a valeur d'ordalie, de mise à l'épreuve. Il révèle l'être à lui-même. À ce titre, il peut jouer un rôle éminemment destructeur et c'est généralement le cas dans les *Nouvelles de Pétersbourg*. En effet, l'argent a souvent partie liée avec le démon. N'est-il pas une de ses armes de prédilection ?

L'ARGENT, FONDEMENT D'UNE SOCIÉTÉ

L'argent et la grande ville moderne

L'argent est l'une des principales forces à l'œuvre dans la grande ville moderne engendrée par le commerce et le capitalisme naissant. Le monde de l'idylle paysanne évoqué par Gogol dans les *Soirées au bord de la Dikanka* ignorait l'échange monétaire. Les relations y étaient fondées sur le troc et les liens d'entraide entre les hommes. Il en va tout autrement dans la grande ville anonyme où tout se vend et tout s'achète, les manteaux comme les femmes. Cette ville est peuplée de petits salariés humiliés qui rêvent au monde enchanté où évoluent les favorisés de la fortune. On sent dans les rues la présence de l'argent de façon quasi matérielle. L'argent flotte dans l'atmosphère de la ville. Il en fait partie intégrante.

La différenciation sociale

Toujours dans « La Perspective Nevski », le timide Piskariov hésite à aborder une dame vêtue d'un manteau qui lui semble coûter quelque quatre-vingts roubles. Sans qu'il soit directement question d'argent, tout le début du texte est consacré à l'évocation des diverses couches de la société qui apparaissent et disparaissent en groupes homogènes et à heures fixes. Les différences de revenus sont bien évidemment à la base de tous ces regroupements qui supposent à leur tour des exclusions.

Dans « Le Journal d'un fou », Poprichtchine enrage à l'idée que sa pauvreté l'empêche de donner toute sa mesure, l'oblige à subir les remontrances des médiocres qui sont ses chefs. Une cravate, un costume de chez Routch et il serait un autre homme, mais il n'a pas d'argent et « c'est là le malheur » (p. 175). Le manque d'argent engendre un sentiment d'injustice, d'infériorité sociale. Il y a là une sorte de prédestination mauvaise à laquelle Poprichtchine ne saurait échapper qu'en se fabriquant une identité fantasmatique. Dans une Espagne imaginaire, l'humilié sera roi. Le récit se construit sur la tension entre la nécessité définie par les règles de l'argent et la liberté temporaire qu'offre la folie.

À l'époque où il n'est qu'un pauvre rapin, Tchartkov est la cible de toutes les humiliations. Lieux de plaisir, voyages d'études en Italie, achat d'objets nécessaires à son art, tout cela lui est interdit. Son propriétaire est prêt à le jeter à la rue avec des paroles cinglantes. Ses recherches artistiques ne suscitent que le mépris. Il faut noter que, même avant l'épisode du surgissement fantastique des mille ducats, Tchartkov était assailli par le doute, par la tentation d'une certaine facilité susceptible de lui apporter la notoriété et l'aisance d'autres peintres moins bien doués que lui.

Le misérable héros du « Manteau », Akaki Akakiévitch est pauvre entre les pauvres. Le narrateur nous relate dans tous les détails le prix de son nouveau manteau, les expédients auxquels notre héros et son tailleur ont recours pour en faire baisser le prix, le montant des gratifications que reçoit Akaki Akakiévitch, sa façon d'économiser systématiquement un liard sur chaque rouble, les privations supplémentaires qu'il s'impose pour réunir la somme nécessaire. Pour Akaki Akakiévitch l'achat d'un manteau neuf est véritablement un exploit. Il n'en va bien sûr pas de même des hauts personnages à qui son fantôme révolté arrachera leurs manteaux.

Dans tous les cas la possession ou l'absence d'argent entraînent de fortes différences sociales.

Usure, vénalité, prostitution

Le désir de se procurer de l'argent à tout prix est à l'origine de ces trois fléaux sociaux.

Dans la seconde partie du « Portrait », nous apprenons que l'inquiétant vieillard au teint basané et aux yeux brûlants dont l'effigie sort de son cadre pour venir tenter le peintre Tchartkov est un usurier. Ceux qui ont touché à son argent ont connu une fin terrible. Au-delà de la donnée fantastique, nous touchons ici à un fait social. Les usuriers pullulaient à l'époque et tiraient avantage de la détresse des petites gens. Il n'est que de se rappeler le célèbre sujet de *Crime et Châtiment* de Dostoïevski[1]. Le thème de l'usure, très présent également chez Balzac, semble résumer la violence que l'argent inflige à l'homme dans la grande ville moderne.

La concussion est l'un des maux traditionnels de la Russie. Dans « Le Journal d'un fou », Poprichtchine la considère comme allant de soi et compare les avantages

---

1. Raskolnikov, un jeune homme « en colère » décide d'assassiner une vieille usurière, être à son sens nuisible et inutile. L'argent ainsi obtenu lui permettra de mener à bien ses études et d'assurer le bonheur de ses proches.

en nature que peuvent escompter les fonctionnaires des diverses administrations (p. 168). La pratique de la concussion est suggérée dans « Le Nez ». La censure avait en effet interdit que la chose soit directement évoquée. À l'évidence, les offres de rasages gratuits ne satisfont pas le fonctionnaire de police qui s'en prend au barbier, involontaire détenteur du nez du major Kovaliov. On peut supposer que ce dernier a été libéré après versement de quelque somme. Par ailleurs, les allusions que le fonctionnaire qui rapporte le nez fait à son besoin d'argent, à la gêne dans laquelle il se trouve, suggèrent que Kovaliov va le récompenser en espèces sonnantes et trébuchantes (p. 223). La première rédaction, biffée par la censure, était parfaitement explicite à cet égard[1]. La concussion généralisée, « normalisée », pourrait-on dire, témoigne de la toute-puissance de l'argent. Cette dernière a pour conséquence l'affaiblissement de la notion de loi.

La prostitution est la troisième plaie de cette société où l'argent règne en maître. Il s'agit d'un thème caractéristique de la littérature du XIXe siècle (Dostoïevski, Tolstoï, Balzac, Hugo, Dumas fils). La prostitution est souvent présentée comme le résultat de la misère, de l'indigence. Aussi, le relèvement de la femme déchue apparaît-il comme un devoir humanitaire prôné par les écrivains moralistes. Dans « La Perspective Nevski », la jeune beauté fugitivement entrevue par Piskariov s'avère être une prostituée. Sa sottise et sa vulgarité démentent la perfection de ses traits, la croyance en l'unicité du Beau et du Bon. La pauvreté de Piskariov qui ne peut proposer qu'une vie de travail à l'objet de sa flamme suscite les sarcasmes de celle-ci et de ses amies.

On remarquera que, dans ses rêves, Piskariov place toujours sa bien-aimée dans une situation socialement élevée ou à tout le moins convenable. Elle apparaît comme une victime de la pauvreté et de la prostitution qu'elle suscite.

L'argent domine la société, en détermine les diverses catégories. Il pervertit également cette même société.

---

1. Avant les modifications imposées par la censure, le texte était le suivant : « Kovaliov devina de quoi il retournait : avisant un billet de dix roubles qui traînait sur son bureau, il le fourra dans la main de l'exempt. »

LA SIGNIFICATION SYMBOLIQUE DE L'ARGENT

L'argent, médiateur du désir

C'est grâce à l'argent que les héros gogoliens rêvent de posséder l'objet de leur désir. Il peut s'agir de conquérir une femme, d'être beau et séduisant comme dans le cas de Poprichtchine. Les ambitions d'Akaki Akakiévitch sont beaucoup plus modestes puisque la « compagne de vie » qu'il se procure – pour quelques heures seulement – n'est autre qu'un manteau de bon drap ouatiné. Ce manteau est, bien sûr, investi d'une valeur symbolique. C'est une défense contre les morsures du froid et plus largement contre les blessures de la vie. Sa douceur peut évoquer la féminité. Surtout, la possession du manteau fait qu'Akaki Akakiévitch acquiert soudain plus de valeur à ses propres yeux. Enveloppé de ce vêtement, il se sent « quelqu'un ». N'est-il pas un être de qualité s'il a su réunir la somme nécessaire à le payer ? Le manteau est donc comme la matérialisation de l'estime qu'Akaki Akakiévitch se porte à lui-même. Sa perte le rejette dans le néant et l'autodévalorisation. Il n'a plus qu'à mourir. L'achat et la disparition du manteau comptent au nombre des figures du désir les plus évidentes des *Nouvelles de Pétersbourg*.

Le major Kovaliov lui aussi a recours à l'argent (annonce dans le journal, propositions de rémunération faites au médecin) pour récupérer son appendice nasal, gage de la réalisation de ses désirs sexuels et sociaux.

Enfin, Tchartkov sait, avant qu'il ne se laisse emporter dans le tourbillon des plaisirs procuré par un argent facilement gagné, que les mille ducats miraculeusement échus en sa possession peuvent lui permettre de vivre sans soucis matériels et de perfectionner son talent. Au bout de trois ans de cette vie, il pourrait surpasser ses concurrents et devenir un peintre de valeur.

Désirs sexuels, désirs d'élévation sociale, désir d'estime de soi, désir de créer, il semble que dans tous ces cas l'argent puisse jouer un rôle de médiateur.

L'argent destructeur

L'exemple le plus évident du pouvoir destructeur de l'argent est bien évidemment fourni par « Le Portrait ». Séduit par les plaisirs et la notoriété que procure un argent rapidement gagné, Tchartkov perd le talent réel qu'il détenait lorsqu'il était pauvre. Par son don « magique » des mille ducats si mal employés, le portrait maléfique l'a poussé à l'autodestruction. Il en prend conscience lorsqu'il le retrouve au milieu d'œuvres de jeunesse. Ces dernières lui prouvent qu'en dépit de l'impossibilité de créer qui est, depuis, devenue son lot, il a autrefois été un véritable artiste :

> [...] et quand il se rappela que cette étrange effigie avait en quelque sorte causé sa transformation, que le trésor si miraculeusement reçu avait fait naître en lui ces vaines convoitises funestes à son talent, il céda à un transport de rage.
>
> (« Le Portrait », p. 136-137.)

Dès lors, Tchartkov n'aura de cesse de détruire les chefs-d'œuvre comme s'il espérait détruire l'art et la beauté.

La seconde partie du texte relate le destin funeste de ceux qui ont accepté l'argent de l'usurier maudit. C'est tout d'abord un jeune seigneur ami des arts, du bien et des sciences qui se transforme en une sorte de monstre haineux et soupçonneux. Destitué de ses fonctions et objet du mépris général, il termine sa vie « dans d'effroyables accès de folie furieuse » (p. 148). C'est ensuite un mari aimant qui se fait le tyran et le bourreau de sa femme, manque de la tuer et finit par se suicider.

Traditionnellement, le démon s'empare de l'âme des hommes en leur offrant les biens terrestres, le royaume de ce monde dont l'argent est une des formes symboliques. Dans de nombreuses légendes, les deniers du diable tombent en poussière, disparaissent mystérieusement. La destruction et l'autodestruction que provoque l'argent dans les *Nouvelles de Pétersbourg* apparaissent comme l'équivalent de ces disparitions magiques. Aussi comprend-on que les petites gens de Kolomna préfèrent mourir de faim plutôt que de risquer la damnation qu'entraînerait l'acceptation de son argent.

La signification destructrice et démoniaque de l'argent est chose naturelle dans un monde où toute tentative de réalisation du désir est vouée à l'échec et à la négation.

8 La satire

Pour de nombreux critiques, Gogol, et en particulier le Gogol des *Nouvelles de Pétersbourg,* fut non seulement peintre de la société russe de son temps mais accusateur des maux qui la caractérisent. Au-delà de cette société précise, Gogol fustige également des mœurs, des défauts et des vices plus généraux. Or, afin de mieux dénoncer ses cibles, sociales et morales, Gogol recourt souvent à l'arme du rire. Par là, il peut être assimilé à un auteur satirique. En effet, selon ses définitions modernes, la satire peut être : 1. un texte en vers où l'auteur attaque les vices, les ridicules de ses contemporains ; 2. tout texte qui s'attaque à quelque chose, à quelqu'un en s'en moquant.

LA SATIRE SOCIALE

Gogol, dans les *Nouvelles de Pétersbourg,* dénonce par des procédés comiques une société à la fois frivole et bureaucratique, qui vit selon le culte des apparences et le culte du grade.

Une société frivole : le culte des apparences

• « La Perspective Nevski »

La nouvelle d'ouverture inaugure la veine satirique du recueil. D'entrée de jeu, Gogol s'en prend à la frivolité de ses contemporains à l'aide de trois procédés comiques importants : l'ironie, la synecdoque et l'énumération hétéroclite.

Ainsi, Gogol, à propos des promeneurs issus des classes aisées, qualifie ironiquement d'« assez graves occupations domestiques » celles « par exemple de causer avec leur docteur du temps qu'il fait » (p. 46). C'est aussi par l'ironie que Gogol dénonce le peu d'intérêt des Pétersbourgeois pour les artistes : « C'était un peintre. Étrange, n'est-il pas vrai ? Un peintre à Pétersbourg ! » (p. 53).

Un deuxième procédé s'associe à l'ironie : c'est la synecdoque. Elle consiste ici à désigner la partie pour le tout. Ainsi, Gogol s'apprête à énumérer « les meilleures productions de l'homme » que l'avenue exhibe. Or, de quoi s'agit-il ? Ni de monuments, ni d'œuvres d'art mais d'« un pardessus », d'« un superbe nez grec », de « mirifiques favoris » (p. 49). Mais, avant cela, Gogol, par la seule synecdoque, sans même recourir à l'ironie, se moquait de la futilité de ses contemporains. Il dénonçait ainsi la confusion entretenue entre la personne et son apparence : « Ici vous rencontrerez des moustaches merveilleuses [...], objet de longues veilles de jour et de nuit [...]. Des milliers de sortes de chapeaux [...] » (p. 47).

L'énumération hétéroclite place sur le même plan des réalités différentes et parfois dans un ordre insolite. Gogol l'utilise ici pour se moquer des conversations des promeneurs aisés. Elles consistent, entre autres, à « s'informer de la santé de leurs chevaux et de leurs enfants » (p. 46) !

- **« Le Portrait »**

La satire d'une société frivole, vouée au culte des apparences, se prolonge dans cette nouvelle, pourtant à dominante tragique.

D'abord, Gogol recourt à l'ironie pour dénoncer le choix par Tchartkov d'une utilisation rapide de son or. En effet, Gogol oppose en lui un « cœur ardent » et ce que ce cœur lui dicte à ce moment-là : « S'habiller à la dernière mode, faire bombance [...], louer un bel appartement, aller tout de suite au théâtre, au café, au... » (p. 117).

La satire s'amplifie encore dans la petite scène de comédie qui met en présence Tchartkov et ses premières clientes, une « noble dame » et sa fille. Gogol se moque sans pitié de la dame et du snobisme mondain qu'elle représente. À cette personne qui déplore de ne pouvoir exprimer sa pensée en russe (p. 121), il attribue un emploi du français qui est répétitif et superficiel : « C'est charmant » (p. 120), s'écrie la dame face aux portraits peints par Tchartkov. Pis encore, Gogol attribue à la dame une ironie involontaire : elle fait l'éloge d'un peintre dont le nom, M. Nol, signifie M. Zéro !

Dans « Le Portrait », Gogol complète l'éventail de ses procédés comiques en décomposant le jeu de certains personnages en gestes et mimiques ridicules. Il raille ainsi les modèles de Tchartkov : « [...] l'une jouait la rêveuse, l'autre la mélancolique ; pour amenuiser sa bouche, une troisième se pinçait les lèvres jusqu'à donner l'illusion d'un point gros comme une tête d'épingle » (p. 128).

• « Le Nez »

Gogol y reprend la satire des mondains, dont la futilité est partagée par les commissaires, les employés, les médecins, comme en témoignent les scènes de genre dont cette nouvelle regorge.

Gogol évoque d'une façon encore légère le soin accordé par Kovaliov à ses favoris, en isolant ce détail. Mais, bien évidemment, la perte de son nez, « organe apparent » (p. 216) devient pour Kovaliov une atteinte intolérable à son image avant même de l'être pour sa personne. C'est ce que rend la répétition par Kovaliov des noms de ses relations : Mme Tchékhtariov et Mme Podotchine. Kovaliov devient alors un automate qui prête à rire.

Mais, par son aventure, Kovaliov apparaît également comme le révélateur du vide qui caractérise diverses classes de la société. C'est le commissaire à qui Gogol attribue de façon aussi ironique que solennelle des maximes... sur la sieste (p. 219). C'est le médecin, dont Gogol énumère les manies comme à travers un verre grossissant : « il mangeait des pommes crues et tous les matins passait trois quarts d'heure à se rincer la bouche et à se frotter les dents avec cinq brosses différentes » (p. 224). Ce sont les gens du monde « à court d'anecdotes » (p. 229) qui broderont sur l'aventure de Kovaliov.

• « Le Manteau » et « Le Journal d'un fou »

Ces nouvelles, centrées sur la vie d'un petit fonctionnaire, font réapparaître, même passagèrement, la satire du culte des apparences.

Ainsi, dans « Le Manteau », Gogol prête au « personnage important », à l'issue d'une soirée mondaine, une autosatisfaction qui prête à sourire car elle n'est fondée que sur l'apparence : « il s'épanouit, se montra brillant, bref passa une excellente soirée » (p. 274). Mais surtout, la répétition par le narrateur de l'expression « personnage important » stigmatise un comportement d'automate, qui, de surcroît, est disproportionné par rapport à la réalité. L'expression elle-même est ironique comme Gogol en avertit le lecteur : « du reste, par rapport à d'autres plus considérables, la place qu'il occupait n'était pas tenue pour bien importante » (p. 265). Et pourtant, « notre personnage important affectait un air noble et des manières hautaines ».

Dans « Le Journal d'un fou », Gogol recourt à un procédé satirique traditionnel et efficace : le point de vue insolite. Plus précisément, il relie point de vue du fou et point de vue de l'animal.

Le procédé de la correspondance des chiennes permet à nouveau à l'auteur de dénoncer une société frivole. Ainsi, la chienne Medji, tapie dans son coin, ridiculise en les décomposant les gestes et les propos de Sophie et de son fiancé Tieplov. Le jeune homme apparaît comme une toupie : « il s'est approché de la glace, a rectifié sa coiffure et a fait le tour de la pièce » (p. 184). Et Medji énumère les « sottises » qu'ils disaient : « qu'une dame, au milieu d'une danse, avait exécuté telle figure au lieu de telle autre » (p. 184)...

La satire de la « tchinomanie »

Gogol ne se contente pas d'observer les abus de ce culte du grade. Il les dénonce en les ridiculisant. Cette satire est présente dans toutes les nouvelles, sauf dans « Le Portrait »

Dans « La Perspective Nevski », par le biais de Pirogov, Gogol commence par ridiculiser le culte du grade dans l'armée. Il met ainsi le lieutenant en contradiction avec lui-même à propos de son grade fraîchement obtenu : une « vanité », mais dont Pirogov était « secrètement flatté » (p. 78). Après avoir ironisé sur les « talents », les « qualités » de Pirogov, dont celle de « faire des ronds de fumée » avec sa pipe, Gogol le montre à l'œuvre. Or, qui tente-t-il de séduire par son grade ? Une sotte ! Gogol met cette contradiction en relief : « Il ne concevait pas qu'on pût lui résister ; et d'autant moins que son amabilité et l'éclat de son grade lui donnaient pleinement droit à l'attention » (p. 84). La satire évoluera jusqu'au grotesque (p. 89) lorsqu'il sera fouetté.

Dans « Le Nez », l'expression « assesseur de collège caucasien » (p. 206), devenue proverbiale par la suite, fait allusion à la facilité avec laquelle l'administration du Caucase donnait le grade d'assesseur. Le contraste entre cette facilité et la prétention par Kovaliov au grade militaire de major (équivalent à celui d'assesseur... obtenu normalement) fait sourire. Kovaliov s'identifie à tel point au grade de major qu'il se plaint ainsi à son Nez en uniforme : « [...] je suis major. Et je ne saurais, convenez-en, me promener sans nez » (p. 209). Et, au mépris de toute réalité, sauf de celle du grade, il ajoute : « Que pareille aventure arrive à une vendeuse d'oranges pelées du pont de l'Ascension, passe encore ! » (p. 209-210.)

« Le Manteau » peut être considéré comme, entre autres, une satire de la machine administrative, capable de détruire un être. Ici, c'est surtout le « personnage important » qui en prend pour son grade. Déjà, en effet, la répétition de l'expression « personnage important » vise autant le culte du grade que celui des apparences. À titre d'illustration, la scène que rapporte le narrateur entre le personnage et un ami est à la fois accusatrice et burlesque. Gogol y dénonce l'inhumanité d'un homme qui, pour impressionner un ami, éprouve son importance en faisant attendre puis en terrorisant un homme en détresse, Akaki. En même temps, Gogol fait rire par l'opposition entre une prétendue « importance » et les gestes, les silences dont les deux amis meublent ce moment : « [...] les deux amis se tapotaient mutuellement les cuisses », « Quand ces messieurs eurent bavardé ou plutôt se furent tus à leur aise » (p. 267).

La manière dont l'« Excellence » reproche aux « jeunes gens » comme Akaki leur manque de respect, puis des gestes comme celui de taper du pied, dénoncent par un rire amer l'opposition entre certaines pratiques d'intimidation et le réel.

Enfin, dans « Le Journal d'un fou », le point de vue d'une chienne sert également à ridiculiser le culte excessif des grades et des décorations : « Papa est rentré tout joyeux. [...] J'ai vu un ruban [...]. C'était un peu salé » (p. 181-182). La décoration si convoitée par les hommes est réduite à... un biscuit pour chiens !

Quant au point de vue du fou, il sert, lui aussi à démystifier la tchinomanie. Poprichtchine se moque amèrement de son rival Tieplov : « Ce n'est pas parce qu'il est gentilhomme de la chambre qu'il lui viendra un troisième œil au milieu du front. Son nez n'est pas en or [...] » (p. 187).

LA SATIRE MORALE

Si Gogol dénonce des travers de la société russe de son temps, il ne propose pas pour autant de réformes sociales et politiques. C'est qu'au-delà des travers proprement sociaux, le lecteur est invité par Gogol à se pencher sur lui-même en tant qu'individu, à rire de lui-même. Gogol fait appel à la conscience morale des lecteurs.

À travers le culte des apparences et le culte du grade, Gogol vise forcément des variantes de la vanité et de l'orgueil. Or ces défauts sont partagés par les humains de tous temps et de tous pays.

De façon plus originale, Gogol dénonce deux travers moraux dont il affuble des individus issus des classes sociales les plus diverses : la monomanie (aliénation mentale causée par l'obsession d'une idée fixe) et la trivialité.

La satire de la monomanie

Aussi bien Tchartkov, héros du « Portrait » devenu peintre à la mode, que l'employé Akaki, héros du « Manteau » sont victimes de monomanies. Le tragique de leur destin n'exclut pas le ridicule de leur comportement.

- **« Le Portrait »**

Tchartkov consacre sa nouvelle vie d'homme riche à une manie : le succès facile. Or, d'emblée, Gogol dénonce le caractère usurpé et relatif des premiers succès, achetés à un journal. Il recourt pour cela à deux procédés comiques. C'est d'abord la juxtaposition hétéroclite : « Et dès le lendemain, le journal publiait, à la suite d'une annonce vantant les qualités d'une nouvelle chandelle, un article intitulé : « L'extraordinaire talent de Tchartkov » (p. 118). C'est ensuite, pour traduire les réactions de Tchartkov devant l'article, une énumération de gestes ridicules comme ceux d'ébouriffer ses cheveux, de bondir puis de s'installer sur le canapé, d'esquisser des gestes devant sa toile (p. 119).

Plus loin, Gogol prend pour cible la confusion que Tchartkov cultive entre succès facile et génie. Pour ce faire, il accumule des notations temporelles décroissantes. Ainsi, le peintre, se donnant comme exemple de « génie », qui « crée avec audace et rapidité », précise : « Tenez, moi, par exemple, j'ai peint ce portrait en deux jours, cette tête en un seul, ceci en quelques heures, cela en une heure au plus » (p. 129).

• « Le Manteau »

Au début de la nouvelle, Gogol, non seulement dévoile la monomanie d'Akaki : « sa copie, en dehors de laquelle rien ne semblait exister pour lui » (p. 241), mais la ridiculise. La phrase : « Pas une fois dans sa vie il ne prit garde au spectacle quotidien de la rue » (p. 242) dénonce l'indifférence d'Akaki à tout. Mais en même temps Gogol se moque de la monomanie d'Akaki par des effets de grossissement et de superposition : « À supposer qu'Akaki Akakiévitch jetât les yeux sur quelque objet, il devait y apercevoir des lignes écrites de sa belle écriture nette et coulante » (p. 242).

Ensuite, c'est le manteau neuf qu'Akaki a commandé qui devient l'objet d'une monomanie. Gogol satirique adopte alors un ton solennel et un registre de la passion qui sonnent ironiquement par rapport au contenu : « Une flamme luisait parfois dans ses yeux, les pensées les plus audacieuses lui passaient parfois par la tête : pourquoi ne se commanderait-il pas un col de martre, après tout ! » (p. 253). L'ironie de Gogol continue lorsqu'il qualifie de « graves questions » (p. 254) celles concernant le lieu d'achat du drap, sa teinte, son prix.

La satire de la trivialité (*pochlost*)

Gogol se considérait lui-même, non sans regret, comme un écrivain de la *pochlost*. Cette notion ne peut être traduite par un seul mot français. Elle renvoie à la fois à la vulgarité satisfaite, à la médiocrité, à la trivialité et au mauvais goût. Elle s'applique plus à toutes les formes de la platitude morale et intellectuelle qu'à la franche scélératesse.

Or, toutes les *Nouvelles de Pétersbourg* dénoncent en les ridiculisant des aspects de la *pochlost*.

Certes, dans « La Perspective Nevski », la vulgarité que Piskariov découvre dans les propos et les comportements de son inconnue (p. 59, p. 73-74) fait naître un rire amer chez le lecteur. Gogol dénonce en effet un contraste entre les belles apparences d'une femme et son être, dégénéré par la débauche. Le rire se fait plus léger mais reste dénonciateur à propos de la manière dont Pirogov se console de l'humiliation d'avoir été fouetté : « il entra dans une pâtisserie, s'offrit deux gâteaux feuilletés, parcourut les colonnes de *L'Abeille du Nord* » (p. 89). Cette phrase dénote un contentement de soi médiocre, Gogol en profitant pour se moquer d'une revue où le ragot côtoie une littérature facile.

Dans « Le Portrait », c'est également une médiocrité satisfaite que Gogol dénonce chez Tchartkov, « peintre à la mode », se vantant de sa rapidité (voir ci-dessus).

Gogol n'épargne pas les petits fonctionnaires du « Journal d'un fou » et du « Manteau ». Avant de leur prêter un sursaut de révolte contre leur situation – l'internement pour Poprichtchine, une mort causée par l'indifférence des autres, pour Akaki –, Gogol fait d'eux des êtres plats moralement et intellectuellement. Ainsi, Poprichtchine se contente de lire *L'Abeille du Nord*, de déclamer les œuvres de petits poètes, d'assister à des vaudevilles. Akaki ne vit que pour son plat métier de copiste.

Pour mieux railler Poprichtchine, Gogol lui prête la lecture d'une correspondance de chiennes au point de vue impitoyable. Il y découvre un portrait de lui comme « avorton », dont les cheveux sont comparés à du foin (p. 185). La correspondance introduit un autre aspect de la *pochlost*, le mauvais goût. Ainsi, Gogol, à travers le fou et la chienne Medji, décompose avec complaisance les gestes des maîtres qui donnent aux chiens « des boulettes de pain », après avoir « tripoté toutes sortes de saletés » (p. 180).

Même le pitoyable « souffre-douleur » Akaki (p. 271) n'apparaît pas uniquement comme une victime des autres. Il est même caractérisé comme un homme « incapable d'accomplir la moindre action remarquable » (p. 271).

Au début du « Manteau », la généalogie d'Akaki le place d'emblée sous le signe de la trivialité. Gogol recourt ici à des jeux de mots et à des jeux de sonorités. Il précise que Bachmatchkine vient de *bachmak* (« savate » !) et si le prénom du héros, Akaki, est celui d'un martyr, il fait rire, comme le précise G. Nivat (p. 29 de la préface de l'édition étudiée). Le redoublement phonétique et le rapprochement possible avec *obkakat* (« conchier ») ridiculisent le héros, de surcroît affligé d'un teint hémorroïdal. Plus profondément, l'ironie de Gogol face à l'absence d'ambition et de faculté d'adaptation d'Akaki, dénonce une médiocrité acceptée : « Cette tâche parut si ardue à Akaki [...] » (p. 241).

Enfin, le rapport avec le trivial relève de l'interprétation même du « Nez[1] ».

---

1. Voir le chapitre 20.

9 Le fantastique

À la différence d'Hoffmann[1], Gogol, auteur des *Nouvelles de Pétersbourg*, n'a pas été perçu, en son temps, comme un conteur fantastique. Il apparaissait, au contraire, comme un écrivain tourné vers le réel, fût-ce en le caricaturant.

Et pourtant, si l'on en croit des critiques récents comme Georges Nivat, tout le recueil centré sur Pétersbourg se rattacherait au fantastique, dans la mesure même où l'action se situe dans cette ville : « Le fantastique sous-entend toujours une *déchirure* du réel et Pétersbourg a été la déchirure par où Gogol a exprimé son angoisse de vivre » (p. 37 de la préface de l'édition étudiée).

Qu'un fantastique urbain se soit substitué chez Gogol au fantastique folklorique des premiers recueils[2], rien d'étonnant à cela. Gogol, comme tous les Russes de son époque, connaissait les contes d'Hoffmann qui avait transporté le fantastique des châteaux gothiques et des forêts vers les villes. La référence à Hoffmann, « conteur fantastique », présente dans « La Perspective Nevski », témoigne d'ailleurs de cette connaissance.

Qui a raison, des critiques qui ne voyaient dans ces nouvelles que du réalisme ou de ceux qui les rattachent toutes au fantastique ?

À vrai dire, la notion de fantastique est restée floue. D'où la nécessité de rappeler les deux types de définitions qui permettent actuellement de le cerner.

---

1. Hoffmann (1776-1822), célèbre écrivain allemand, auteur de contes fantastiques (*Le Chat Murr, L'Homme au sable*) et d'un roman fantastique, *Les Élixirs du Diable*.

2. *Les veillées du hameau de Dikanka* (1831-1832) et *Mirgorod* (1835) avec « Vii » (« Le roi des gnomes »).

LA NOTION DE FANTASTIQUE

Cette notion, selon les théoriciens récents, peut s'appliquer, soit à un mode de narration particulier, à une manière de raconter, soit à l'emploi de thèmes renvoyant à des forces psychiques inconscientes.

Pour Tzvetan Todorov, partisan d'une définition strictement littéraire du fantastique : « Le fantastique n'est rien que l'hésitation maintenue entre une explication naturelle (ce serait l'étrange) et une explication surnaturelle (ce serait le merveilleux)[1]. »

Autrement dit, devant l'irruption d'un événement qui relève du surnaturel (ou du « faux surnaturel »), le lecteur hésite jusqu'au dénouement du récit. C'est ce dénouement qui peut, soit lui offrir une explication – et nous sommes dans l'étrange – soit le maintenir dans l'indécision – et nous sommes dans le fantastique. Retenons aussi les deux pôles qui, selon Todorov, limitent le fantastique : l'étrange peut se ramener uniquement à des faits naturels non encore expliqués scientifiquement, et le merveilleux correspond à ce que le théoricien appelle par ailleurs « surnaturel accepté ».

Pour d'autres théoriciens, comme Jean Bellemin-Noël[2], le fantastique est à relier aux mécanismes inconscients que la psychanalyse a décelés chez l'homme et a catalogués sous le nom de fantasmes (par exemple le père dévorant, donnant lieu aux personnages du vampire, du diable). Les écrivains ont pu puiser des effets de fantastique dans des situations psychiques extrêmes, dans des états-limites de la conscience (la folie, le rêve, la télépathie, etc.) qui, par leurs mystères, paraissaient rejoindre le monde du surnaturel. Alors, selon Gwenhaël Ponnau, ils « enracinent [le surnaturel] au plus profond de la vie psychique[3] ».

---

1. *Introduction à la littérature fantastique*, Seuil, Paris, 1965, p. 29.
2. J. Bellemin-Noël, « Des formes fantastiques aux thèmes fantasmatiques », dans *Littérature*, n° 2, mai 1970, p. 103-118.
3. G. Ponnau, *La Folie dans le récit fantastique*, CNRS, Paris, 1987, p. 73.

Ces définitions de Bellemain-Noël et de Ponnau ne contredisent pas celle de Todorov. La définition plus large peut compléter la plus stricte. Elles présentent un facteur commun : elles ne rangent dans la catégorie des récits fantastiques que ceux où intervient le « surnaturel ». Ce mot peut désigner des événements ou des forces situés au-dessus de la nature ou des phénomènes qui ne paraissent pas relever des lois de la raison, extra-naturels. Dans les deux cas, il s'agit de faits ou de forces qui, effectivement, « déchirent » le réel.

Dans les deux cas également, qui dit récit fantastique dit récit « bivalent », qui joue sur deux plans, celui du surnaturel et celui du réel, ancrant et réancrant le surnaturel dans le monde réaliste.

Pouvons-nous considérer les cinq *Nouvelles de Pétersbourg* comme des récits fantastiques, selon le sens strict et littéraire (définition de Todorov) ou seulement selon un sens large ?

LES *NOUVELLES DE PÉTERSBOURG* COMME NARRATIONS FANTASTIQUES

Si l'on s'en tient à la définition par Todorov du récit fantastique comme fondé sur l'irruption d'un phénomène surnaturel dans une histoire réaliste et sur des procédés de narration qui maintiennent l'hésitation du lecteur jusqu'à la fin, ces nouvelles ne sont pas toutes des récits fantastiques.

Seuls « Le Portrait » et partiellement « Le Journal d'un fou » et « Le Manteau » répondent à cette définition. « Le Nez » rejoindrait plutôt – sur un mode parodique – la catégorie des récits merveilleux, par l'introduction d'un « surnaturel accepté » ou à accepter, et relevant davantage encore de l'absurde[1]. Et ce ne sont pas des phénomènes surnaturels en eux-mêmes qui bouleversent la vie quotidienne des personnages de « La Perspective Nevski ».

---

1. Voir le chapitre 11.

« Le Portrait », récit fantastique

Même si Gogol a gommé en partie le fantastique du « Portrait » dans sa seconde version[1], celui-ci subsiste.

• Première partie

Dans cette nouvelle, le narrateur sème d'abord des indices qui entretiennent une progression vers ce que nous appellerons le tournant fantastique. En effet, le portrait du vieillard (dont on ne connaît pas d'emblée le statut), acheté par Tchartkov, engendre successivement diverses réactions. Ce sont la fascination chez le peintre et dans la foule, la crainte chez une femme, un « indéfinissable malaise » en Tchartkov, par ses « yeux extraordinaires » (p. 99).

Une fois le portrait acquis, les relations entre celui-ci et son acquéreur commencent à être évoquées sur un mode qui rappelle la tradition fantastique à travers deux motifs : le pacte avec le diable, répandu dans le folklore et dans la littérature (chez Gœthe, Hoffmann) et le motif du portrait animé, fréquent chez les conteurs de l'époque (Hoffmann, Gautier). C'est au moment où Tchartkov se plaint de sa pauvreté et exprime, comme Faust, ses aspirations à la gloire et à la fortune qu'il observe des réactions surnaturelles, diaboliques, du portrait : « un visage convulsé », « deux yeux prêts à le dévorer » (p. 104).

Le narrateur peut alors faire suivre au lecteur la montée de l'« effroi » chez le héros. Il exprime celle-ci à travers une surenchère dans le lexique de la peur, ressort du récit fantastique, à travers l'alternance lancinante des moments de sommeil, peuplés de cauchemars durant lesquels le portrait sort de son cadre, et de réveil. Il peut alors évoquer le tournant fantastique : l'acquisition par le jeune homme du rouleau de mille ducats, dont il avait cru s'emparer en rêve. En ce rouleau, le lecteur peut voir une caution, un garant, de l'avènement du surnaturel dans la vie du héros. Cela n'empêche pas la narration de cette longue nouvelle de maintenir jusqu'à la fin de la seconde partie une hésitation

1. Dans la première version, le portrait apparaissait « miraculeusement » chez Tchartkov (voir G. Nivat, préface, p. 19).

sur la provenance de l'or : « N'est-ce point un songe ? » (p. 115), se demande Tchartkov, après la visite du propriétaire et du commissaire, pour aussitôt recourir à une explication surnaturelle : « l'existence du portrait n'était-elle pas liée à la sienne, et son acquisition prédestinée ? » (p. 116.) La possibilité de palper cet or coïncide à tel point avec le rêve de cet or – la valeur du rouleau étant identique (mille ducats) –, que l'hésitation du héros et du lecteur est permise.

Même si les effets de l'événement se manifestent sur le seul plan du réel, celui des sphères mondaines et de la vie psychique, le narrateur, à la fin de la première partie, fait coïncider le « réveil » de Tchartkov, au sens figuré, avec une réapparition du surnaturel.

En effet, au retour de l'Académie, où le peintre a pris conscience de la dégradation de son talent, il réagit ainsi : « Une seule pensée l'animait, un seul désir l'enflammait : représenter l'ange déchu » (p. 135). Cette vaine aspiration artistique ne fait que réintroduire dans la mémoire de Tchartkov, qui l'avait oublié, « le fatal portrait » (p. 136). Est-ce ce portrait qui est à l'origine du projet « satanique » de l'« infernale manie » (p. 137) qui pousse le peintre vers la destruction des œuvres de ses confrères ? Ou est-ce la seule envie, une « envie furieuse » (p. 137) ? Le lecteur peut se poser la question.

• Seconde partie

La seconde partie de la nouvelle, plus brève, fournit une réponse qui, en apparence, oriente vers une explication exclusivement surnaturelle. À travers le récit du peintre B***, le portrait de l'homme dont il révèle le statut de son vivant – un usurier – prend une dimension fatale. Et le narrateur premier (Gogol), à travers son narrateur second (le peintre B***), paraît exclure toute autre explication : « une fatale destinée attendait ceux qui avaient recours à ses bons offices : tous terminaient tragiquement leur vie. Étaient-ce là de superstitieux radotages ou des bruits répandus à dessein ? On ne le sut jamais au juste. Mais certains faits, survenus à peu d'intervalle au su et au vu de tout le monde, ne laissaient guère de place au doute » (p. 145-146).

Les anecdotes relatives à l'action du portrait sur ses possesseurs illustrent cette explication surnaturelle. Telles sont les histoires du fiancé (le prince R***) qui aurait conclu un pacte avec l'usurier et serait devenu criminel en puissance et du père du peintre B*** lui-même, l'auteur du portrait. D'où les versions qui font de l'usurier soit un « possédé du démon » (p. 149), soit « le diable, le diable incarné » (p. 150). Les effets de la transmission du portrait, par le peintre, affecté de trois deuils, à un ami artiste, puis par ce dernier à son neveu, accréditent l'explication surnaturelle de toutes les histoires racontées par la nouvelle. Ils éclairent rétrospectivement l'histoire de Tchartkov, héros de la première partie.

En même temps, Gogol, directement, puis indirectement, par le biais du peintre B*** ne propose-t-il pas deux interprétations naturelles de cette influence maléfique du portrait ? Dans les deux parties, le narrateur insiste sur le caractère et les effets diaboliques des yeux du portrait. Or, si ce portrait apparaît comme tel, n'est-ce pas simplement parce que son peintre a sacrifié l'inspiration à la copie d'après nature, au trop humain[1] ? De même le statut du modèle, celui d'usurier, n'a pas été choisi au hasard par le narrateur : le récit ne diaboliserait-il pas une profession à cause du lien particulier de celle-ci avec l'argent[2] ? Et les effets du portrait de l'usurier, tels qu'ils sont longuement analysés chez Tchartkov et seulement évoqués chez les personnages de la seconde partie ne proviennent-ils pas de la soif de l'or chez ceux qui le regardent ? Il s'agit alors d'une passion terrestre, poussée jusqu'à ses dernières limites.

À la fin du « Portrait », le lecteur est donc libre de choisir, ou de ne pas choisir, entre deux explications des faits : ou bien une intrusion directe et surnaturelle du diable, incarné en un usurier et en son portrait ; ou bien les effets maléfiques, mais naturels, d'un art dévoyé et d'une profession considérée comme immorale, parasitaire. Et nous avons vu que l'indécidable est inhérent au fantastique.

---

1. Voir les chapitres 14 et 18.
2. Voir le chapitre 7.

« Le Manteau » et « Le Journal d'un fou », récits partiellement fantastiques

Ces deux nouvelles se déroulent pour leur majeure partie dans un univers quotidien, sans que s'y entrelace le monde surnaturel. Jusqu'à l'enterrement d'Akaki Akakiévitch, le récit du « Manteau » ne fait intervenir dans la vie de ce petit employé de ministère aucun événement surnaturel. De même, le titre « Le Journal d'un fou » n'annonce qu'une explication naturelle au drame de Poprichtchine : l'emprise progressive de la folie sur celui-ci.

• « Le Manteau »

Et pourtant, le dénouement du « Manteau » est affiché par le narrateur-auteur lui-même comme « fantastique » à deux reprises : « [...] et notre modeste récit va devoir se terminer sur une note à la fois fantastique et inattendue » (p. 272), et : « Mais nous avons entièrement délaissé le fameux « personnage considérable » grâce auquel, après tout, cette histoire vraie a dû prendre une tournure fantastique » (p. 273).

Cet adjectif qualifie d'emblée une vie « d'outre-tombe » d'Akaki, non la vie éternelle, objet de foi, mais une vie qui relève de la tradition fantastique la plus ancienne : celle du fantôme. Ce fantôme est bien présenté d'abord comme « apparition surnaturelle d'une personne morte », selon la définition du dictionnaire *Le Petit Robert*.

Certes, la nouvelle avait été composée, à l'origine, en vue de ce dénouement, comme en témoigne son premier titre : « Histoire d'un employé qui volait les manteaux ». C'est ce que fait Akaki « pour compenser le peu d'éclat de sa vie terrestre » (p. 272), selon le narrateur, et pour se venger des indifférents, notamment du « personnage considérable ».

Ce dénouement satisfait à la définition littéraire du fantastique.

D'un côté, en effet, le narrateur paraît souligner des témoignages oculaires crédibles : ceux d'un collègue d'Akaki (« de ses propres yeux », p. 272), puis d'un fonctionnaire. Le narrateur décrit Akaki devenu fantôme – lorsque celui-ci saisit « le personnage important » par le collet – avec des détails qui paraissent cautionner son apparition. Le même narrateur déploie également toute une rhétorique de l'effroi qui va dans ce sens.

D'un autre côté, ces marques de l'irruption du surnaturel peuvent être démenties par d'autres notations. Ce sont des expressions comme « le bruit se répandit » et « il n'eut point le loisir de l'examiner de près » (p. 272). Quant à la rencontre entre le « personnage important » et le spectre d'Akaki, le narrateur la prépare par un ensemble de causes naturelles : les remords du haut fonctionnaire, les perturbations climatiques, « les cinglantes rafales » (p. 275).

Le dénouement du « Manteau » narre-t-il une effective vengeance d'outre-tombe ? Ou bien évoque-t-il une crise d'hallucination collective – elle aussi productrice d'effroi –, dont le « personnage important » serait une victime d'autant plus exemplaire qu'il fut le plus insensible à la détresse d'Akaki ? Le fantôme est-il un personnage surnaturel ou un personnage de cauchemar ? Reste le mystère des dernières lignes, celui de l'apparition d'un nouveau fantôme (« de taille beaucoup plus haute et pourvu d'énormes moustaches », p. 277), qui rend toute réponse impossible.

À moins que cette chute de la nouvelle n'incite à ne la lire tout entière que comme un jeu[1].

• « Le Journal d'un fou »

Le cas du « Journal d'un fou » est autre. Il ne suggère aucune intervention de l'au-delà ni de l'outre-tombe. Et l'explication par un début de folie est celle qui s'impose au lecteur devant deux faits. Poprichtchine surprend la conversation de deux chiennes, Medji, chienne de la fille de son directeur, et Fidèle. Plus encore, il entend la première signaler à la seconde qu'elle lui a écrit : « Je veux bien qu'on me supprime ma paie, si de ma vie j'ai entendu dire qu'un chien pouvait écrire ! » (p. 170.) L'aveu du fonctionnaire lui-même que « depuis quelque temps, il [lui] arrive parfois d'entendre et de voir des choses que personne n'a jamais vues ni entendues » (p. 170) confirme cette explication.

---

1. Voir le chapitre 11.

Le lecteur, auquel l'employé permet de suivre son emploi du temps au bureau puis au théâtre, et à qui il confie l'amour qu'il nourrit pour la fille de son directeur, reste persuadé de cette seule explication. Il en est ainsi jusqu'à ce que survienne un incident troublant : Poprichtchine saisit la correspondance des chiens, « une mince liasse de petits papiers » (p. 178). Cette trouvaille, qui rappelle de si près celle du rouleau de ducats de Tchartkov, serait un garant du fantastique.

Gogol va plus loin encore ici que les fabulistes et les conteurs qui ont mis en scène des animaux parlants. Cervantès, dans « Le Colloque des chiens », une de ses *Nouvelles exemplaires* – très appréciée par Hoffmann et que Gogol aurait pu connaître par ce dernier –, faisait transcrire le dialogue par un homme. Ici les chiens écrivent, leur témoin se bornant à recopier leur correspondance (au 13 novembre, à la date de son journal).

Malgré le thème dominant de la folie, se pose le problème du statut fantastique ou non de cette correspondance.

La réaction de la jeune fille chez qui il s'empare des lettres attribuées aux chiennes paraît attester la folie du héros : « Je crois que la jeune fille m'a pris pour un fou » (p. 179). Toutefois, ces mêmes lettres paraissent informer Poprichtchine de nouvelles qu'il ignorait, en particulier celle du mariage à venir de la fille du directeur avec Tieplov, gentilhomme de la chambre. Cette nouvelle pousse l'amoureux bafoué à déchirer la correspondance.

Cette correspondance aurait-elle existé aux yeux du héros (à l'intérieur du récit, bien sûr) au point de dissiper tous les espoirs de Poprichtchine, aurait-elle été l'accélérateur surnaturel de sa folie ? Ou aurait-elle été inventée de toutes pièces par le fonctionnaire, dans sa logique même de fou[1] à partir de rumeurs, de bribes d'informations ? Cette séquence du récit maintient le lecteur dans l'hésitation propre au fantastique, même si l'authenticité des faits est sujette à caution : elle n'est garantie que par la parole, à la première personne, de l'auteur du journal, un fou. Toutefois, alors que dans maints récits d'Hoffmann,

1. Voir le chapitre 13.

par exemple, le surnaturel et la folie sont en interpénétration jusqu'au bout, nous ne pouvons parler ici que d'un fantastique partiel. Gogol a construit comme un îlot de fantastique.

Dans l'éventail des cinq nouvelles, telles sont les trois qui peuvent se rattacher au fantastique en tant que catégorie strictement narrative.

Les cas du « Nez » et de « La Perspective Nevski »

Dans « Le Nez », le surnaturel en tant que phénomène inexplicable par la raison s'introduit certes dès le début. Trouver dans un pain le nez d'un de ses clients ne peut que remplir d'« effroi » le barbier Ivan Yakovlévitch (p. 202). Se réveiller un matin sans nez, puis rencontrer celui-ci sous la forme d'un conseiller d'État ne peut que provoquer « la surprise et l'effroi » chez le mutilé, le major Kovaliov (p. 208). Mais dans ce récit, narré pourtant par un narrateur extérieur, aucun témoin ne doute de la véracité des incidents. Aussi, le récit relève-t-il plutôt de ce que Tzvetan Todorov appelle le « surnaturel accepté ». Cependant, à la différence des nombreux récits de perte et de dédoublement qui fleurissaient à l'époque de Gogol, ceux de Chamisso, d'Hoffmann[1], par exemple, le récit du « Nez » ne fait intervenir directement aucune force surnaturelle, diabolique ou autre, aucun pacte. Cela incite plutôt, ce que le dénouement confirmerait, à voir dans cette nouvelle une illustration d'une autre catégorie : l'absurde[2].

« La Perspective Nevski », si elle entrelace abondamment le rêve au quotidien, surtout dans l'histoire de Piskariov, n'attribue aucune explication surnaturelle aux événements. Ce sont, sans équivoque, la désillusion, l'opiomanie et la folie qui mènent le jeune peintre au suicide.

À moins que le lecteur ne se sente entraîné dans un univers fantastique, au sens large du terme.

---

1. Chamisso, *L'étrange histoire de Peter Schlemihl* (1814), histoire d'un homme qui a perdu son ombre ; Hoffmann, dans la nouvelle « Le Double » (1821), entre autres, et dans le roman *Les Élixirs du diable* (1815-1816).

2. Voir le chapitre 11.

LES *NOUVELLES DE PÉTERSBOURG*, ILLUSTRATIONS D'UN MONDE FANTASTIQUE

Au sens large du mot « fantastique », les cinq nouvelles plongent bien le lecteur dans un monde « déchiré » pour reprendre le terme de Georges Nivat (p. 37 de la préface de l'édition étudiée). C'est en l'occurrence celui de la ville de Pétersbourg. Celle-ci apparaît comme un lieu propice aux apparitions du surnaturel ou du moins aux symptômes d'une imagination déréglée et aux manifestations angoissantes de certains mystères du psychisme, préparés par des états superlatifs (voir ci-dessus, p. 89).

• Le cas de « La Perspective Nevski »

Comme le montre « La Perspective Nevski », nouvelle d'ouverture du recueil, l'homme n'aurait, à Pétersbourg, aucune prise sur le réel, puisque la ville est présentée par le narrateur comme une « fantasmagorie » (p. 44).

Une impression de fantastique, au sens large, peut naître chez le lecteur de cette nouvelle qui en est dépourvue, au sens strict. Elle montre, en effet, un affrontement entre les aspirations humaines et une ville énigmatique[1].

À trois reprises, le démon est évoqué dans cette nouvelle. Une première fois, le narrateur oppose l'incarnation de la beauté idéale que la jeune femme aurait pu être et la prostituée vulgaire qu'elle est devenue. Il en conclut : « mais hélas ! quelque affreux décret d'un esprit infernal, acharné à détruire l'harmonie de la vie, l'avait en ricanant jetée au fond de son gouffre » (p. 60-61). Un peu plus loin, le narrateur, contant un rêve de Piskariov, où son imagination l'entraîne dans les salons d'un hôtel particulier, commente : « il lui semblait que quelque démon avait émietté le monde en une multitude de fragments et brassé tous ces fragments à l'aveuglette, à tort et à travers » (p. 62). Mais, dans ces deux cas, l'évocation du diable est purement hypothétique, subjective ; elle émane du point de vue du seul personnage sur les faits, sans autre garant.

---

1. Voir le chapitre 15.

Enfin, la conclusion du narrateur sur les « deux aventures » qu'il vient de raconter en fait ressortir plutôt, et de façon répétitive, « l'étrange ». Cette étrangeté est fondée sur le trompe-l'œil : « Tout est leurre, tout est rêve, tout est autre qu'il ne paraît » (p. 90) et sur « l'imposture » généralisée. Mais alors, pourquoi cette nouvelle évocation du démon dans la toute dernière phrase de la nouvelle : « quand le démon lui-même allume les lampes uniquement pour faire voir les choses autres qu'elles ne sont » (p. 91) ? Le diable n'est pourtant jamais intervenu dans l'histoire racontée, comme il le fait dans « Le Portrait ».

• Quelques agents du surnaturel

Sans doute le lecteur pourrait-il percevoir certains personnages de « La Perspective Nevski », mais aussi du « Manteau », comme des agents du surnaturel et même comme des médiateurs entre les hommes et le diable. À la fascination de la belle prostituée est associé l'« envoûtement », « l'ensorcellement ». Mais cela reste métaphorique, le narrateur et son personnage s'appropriant l'image-cliché de la femme-sorcière (ce qui correspond plus à la tradition religieuse, ici[1]). Plus troublant rétrospectivement, quand on a lu « Le Portrait », apparaît le personnage du boutiquier auprès de qui Piskariov se procure l'opium qui l'achèvera : c'est un Persan qui rappelle l'usurier du « Portrait » par son aspect, mais aussi parce qu'il agit cérémonieusement, comme un détenteur de secrets venus de l'Orient, d'un lointain ailleurs.

Dans « Le Manteau », le tailleur Pétrovitch assis « à la façon d'un pacha turc » (p. 246) est certes un simple artisan, mais aussi un être qui « a le démon dans le ventre », comme le perçoit sa propre femme (p. 252). Et la remise du manteau neuf à Akaki relève, certes, du service d'un tailleur fier de son « chef-d'œuvre », mais aussi peut-être d'un cérémonial diaboliquement fatal (p. 255). En « drapant » Akaki, le tailleur suscite chez celui-ci une griserie, une vanité, qui va lui faire commettre l'imprudence fatale : quitter seul, à minuit, la réception où il a été invité.

À la différence de ce qui se produit dans « Le Portrait », au dénouement du « Manteau » et au milieu du « Journal

---

1. Voir le chapitre 18.

d'un fou », les exemples qui viennent d'être évoqués ne correspondent pas à une irruption du surnaturel dans le réel. La ville et les personnages secondaires cités existent, même s'ils sont incompréhensibles.

Plus encore que dans un monde fantastique où les mystères du psychisme humain feraient surgir des démons et des fantômes, Gogol ne plonge-t-il pas le lecteur dans un monde régi *d'en haut* par le diable autant et même plus, selon lui, que par Dieu ?

10 Le grotesque

LA NOTION DE GROTESQUE

Le terme est défini par le dictionnaire *Le Nouveau Robert* comme « le comique de caricature poussé jusqu'au fantastique, à l'irréel ». C'est dire que grotesque et fantastique ont des points communs.

Mais le terme de grotesque peut être précisé davantage, par un rappel de son étymologie et par la valeur que lui ont donnée les romantiques français, contemporains de Gogol.

En 1833, Théophile Gautier, dans *Les Grotesques*, a rappelé cette étymologie :

> L'étymologie de grotesque est *grutta*[1], nom qu'on donnait aux chambres antiques mises à nu par les fouilles, et dont les murailles étaient couvertes d'animaux terminés par des feuillages, de chimères ailées, de génies sortant de la coupe des fleurs, de palais d'architecture bizarre, et de mille autres caprices et fantaisies.

Le terme désigne donc d'abord des figures ornementales caractérisées par le composite, l'hétérogène, le bizarre.

Le terme s'appliquera ensuite à la littérature. Dans la préface de *Cromwell* (1827), Victor Hugo distingue longuement la littérature « moderne », c'est-à-dire romantique, de la littérature classique, par sa liberté d'accepter le grotesque comme le sublime. Il précise ainsi les effets du grotesque : « Dans la pensée moderne, au contraire, le grotesque a un rôle immense. Il y est partout : d'une part, il crée le difforme et l'horrible, de l'autre, le comique et le bouffon. » Hugo se réfère au Moyen Âge où « les cornes, les pieds de bouc, les ailes de chauve-souris », attributs comiques et animaliers, ont fait de Satan lui-même un personnage grotesque.

---

1. *Sic*, en fait grotta.

Du point de vue de l'expression, le grotesque provoque à la fois le rire et la peur en exploitant les similitudes du monde animal et du monde végétal avec le monde humain.

Le grotesque joue donc sur la disproportion, le mélange, l'animalisation, la « chosification ». Il rejoint parfois le fantastique dans son exacerbation même.

Dans les *Nouvelles de Pétersbourg*, le grotesque peut se manifester dans la description ou dans la narration.

LE GROTESQUE DANS LA DESCRIPTION

Pour la plupart des nouvelles[1], le grotesque est surtout sensible dans la description. Celle-ci occupe une place capitale dans les récits, dans la mesure où elle construit une atmosphère. Or, le grotesque, précisément, marque d'ambiguïté cette atmosphère, à travers les portraits et les descriptions de décors : il allie l'effrayant et le comique.

Les portraits

• « Le Manteau » et « Le Portrait »

D'abord, les portraits de certains personnages sont aptes à susciter à la fois le rire et l'effroi par les procédés dont se sert le narrateur-auteur pour les présenter.

Ainsi, dans « Le Manteau », le portrait du tailleur Pétrovitch est immédiatement marqué par le grotesque. Le personnage inquiète Akaki et le lecteur, par les prix exorbitants qu'il pourrait demander, puis par sa « colère ». En même temps, c'est par un détail incongru que le tailleur attire l'attention de ses visiteurs : « et ce qui, tout de suite, sautait aux yeux, c'était son gros orteil, que connaissait bien Akaki Akakiévitch, et dont l'ongle déformé était gros et fort comme une carapace de tortue » (p. 246).

La disproportion, le grossissement par le narrateur de ce détail anatomique, son animalisation (tortue) marquent de grotesque l'ensemble du portrait de Pétrovitch. La

---

1. « Le nez » constitue un cas à part ; il se rattache à l'absurde. Voir le chapitre 11.

répétition, ensuite du détail de l'« œil unique », rappelant celui d'un cyclope, complète ce portrait à la fois difforme et comique.

Akaki, héros – ou plutôt anti-héros – du « Manteau », n'est pas épargné par ces marques du grotesque. La vision finale d'Akaki comme apparition surnaturelle fait fortement contraste avec sa première apparition, au début de la nouvelle : « Cet employé ne sortait guère de l'ordinaire : petit, grêlé, rousseau, il avait la vue basse, le front chauve, des rides le long des joues et l'un de ces teints que l'on qualifie d'hémorroïdaux » (p. 237). Ce dernier détail, trivial, achève, aux deux sens du terme, le premier portrait d'Akaki : il termine le portrait, il donne le coup de grâce au personnage. Le lecteur ne sait plus, de ce fait, s'il doit rire ou s'inquiéter de son évolution *postmortem*.

Certains personnages suscitent des réactions, soit de peur, soit de peur mêlée de dérision. Ainsi, dans « Le Portrait », le tableau représentant le vieil usurier, et en particulier l'expression de ses yeux, n'inspire d'abord que « l'effroi » au peintre Tchartkov, comme éventuellement au lecteur. Et pourtant, le commissaire qui prête main forte au propriétaire venu réclamer son loyer au jeune homme, exprime, quant à lui, des sentiments pour le moins mêlés : « Il fait peur à voir. Avait-il l'air si terrible en réalité ? Ah mais, il nous regarde, tout simplement. Quel croquemitaine ! » (p. 114.) Le commissaire partage la peur de Tchartkov, mais l'emploi du mot « croquemitaine » (équivalent du russe *gromoboï*, « matamore », « fier-à-bras ») le rabaisse au niveau d'un personnage folklorique, comique dans ses velléités mêmes de faire peur.

Cela n'ôtera rien à la force maléfique du portrait, mais peut-être est-ce, de la part de Gogol, une façon – ici par la voix d'un personnage – de ridiculiser le mal pour mieux le vaincre.

• « La Perspective Nevski »

Certains personnages deviennent grotesques par la distorsion que le lecteur peut percevoir entre eux-mêmes et leurs noms.

Ainsi, dans « La Perspective Nevski », le lieutenant Pirogov, à la poursuite d'une blonde, entre dans une boutique où il est « arrêté sur place par un spectacle des plus étranges »

(p. 79). Il s'agit de deux artisans allemands, un ferronnier et un bottier ivres, en train de se plaindre du prix du tabac à priser et de l'inconvénient d'avoir un nez ! De quoi à la fois s'inquiéter et rire ! Le lecteur peut alors estimer comme particulièrement incongrus les noms d'écrivains allemands donnés à ces deux personnages : Hoffmann et Schiller.

Le grotesque reste ici sur un mode mineur : ces personnages ne provoquent pas de peur. Mais, sous l'emprise de l'alcool, ils combinent des apparences comiques et la redoutable possibilité de s'adonner aux actes les plus brutaux.

Les descriptions de décors

Certains décors, qui font surgir des personnages, ou qui sont suscités par des personnages, sont l'objet de descriptions mêlant aussi l'effrayant ou l'inquiétant et le comique.

Par exemple, au début du « Portrait », la description par Tchartkov de la boutique du marchand de tableaux du Marché Chtchoukine souligne le double effet que produit sur lui l'art contemporain : « Il s'arrêta [...] devant la boutique ; après s'être gaussé à part soi de ces grotesques enluminures, il en vint à se demander à qui elles pouvaient bien être utiles » (p. 96). L'adjectif « grotesques » traduit ici le mot russe *ourodliviy*, qui signifie « difforme », mais l'esprit de ce que ressent Tchartkov est bien rendu : il s'agit bien d'un difforme qui provoque la raillerie du peintre tout en l'inquiétant pour l'avenir de cet art.

Le tableau représentant le vieil usurier sera d'autant plus surprenant qu'il surgira dans et de ce décor. En effet, ce portrait se détache des « croûtes » par sa « puissance », par « la main d'un maître » (p. 99). Cependant, il partage avec ces tableaux ce qui amène le commissaire à le comparer à un croquemitaine : la disproportion, le bizarre, l'hétérogène. Dans « Le Manteau », le décor de l'atelier de Pétrovitch ressemble au personnage, y compris dans ses aspects grotesques. Le narrateur-auteur ne retient qu'un détail dans l'atelier. C'est un objet qu'il grossit démesurément, comme si l'objet remplissait toute la pièce : « une tabatière ronde ornée du portrait d'un général dont je ne saurais dire le nom, car un rectangle de papier remplaçait le visage crevé d'un coup de doigt » (p. 248).

Toujours dans « Le Manteau », le narrateur confère au souffle d'un cheval, dans la rue, les proportions d'une véritable « tempête » (p. 242) pour Akaki : le lecteur peut en rire ; il peut aussi frémir devant ce signe d'écrasement du « petit homme » par les moindres souffles de la vie.

D'autres décors, plus vastes, sont présentés en dehors de tout personnage précis et de toute situation. Par la seule vertu du style, se côtoient et parfois se mêlent l'inquiétant et le comique.

Ainsi, dans « La Perspective Nevski », la longue description de la célèbre avenue, au début et à la fin du récit réduit ou désarticule les êtres humains, par le procédé de la synecdoque. Le lecteur peut certes sourire, sinon rire, de celui qui consacre la « meilleure moitié de sa vie » à ses moustaches, ou de celles qui n'« éblouissent » que par leurs chapeaux ou par leurs robes. Il peut aussi concevoir quelque inquiétude devant cette assimilation par certains êtres de l'accessoire à l'essentiel, du paraître à l'être. À moins que ce ne soit la vision gogolienne de l'humanité qui ne l'inquiète.

LE GROTESQUE DANS LA NARRATION

Dans les *Nouvelles de Pétersbourg*, le grotesque peut être produit par les oppositions de tonalités du récit. Il peut aussi naître de la tournure fantastique inattendue que prend un récit, comme dans « Le journal d'un fou » et « Le Manteau ».

Le grotesque comme effet d'un contraste entre le comique et le tragique

Ce contraste apparaît dans deux nouvelles : « La Perspective Nevski » et « Le Manteau ».

- **« La Perspective Nevski »**

À la fin de « La Perspective Nevski », Gogol narrateur-auteur souligne lui-même le contraste qui oppose les « deux aventures » (p. 90) qu'il vient de conter : il s'agit de deux récits d'amours malheureuses, mais conduits sur des tons différents et qui trouvent des dénouements opposés.

Alors que l'histoire de Piskariov est narrée sur le mode tragique de l'échec amoureux, de la folie et de la mort[1], celle de Pirogov commence sur un mode à la fois souriant et trivial : « Toi, ma mignonne, tu es à moi ! » (p. 76) : rien, dans ces propos n'annonce une poursuite de la femme idéale : il s'agit de posséder au plus vite sa proie ! L'histoire évolue déjà vers le vaudeville lorsque Pirogov s'aperçoit que sa belle est mariée à un ivrogne impulsif : il doit trouver des prétextes pour la revoir (la fabrication d'éperons, puis d'une monture de poignard). Mais un début de jalousie du mari et la tentative de séduction de la jeune femme par le lieutenant mènent franchement au grotesque.

La progression de la séquence de séduction vers celle du châtiment du séducteur est exemplaire, le narrateur commentant même les temps forts. À deux gestes de séduction qui prêtent à sourire : « Il commença par une gavotte », « il la couvrit de baisers » (p. 88), succèdent une série d'actes brutaux et de gestes que le ton du narrateur rend grotesques : l'entrée fracassante d'Hoffmann, de Schiller et de l'ébéniste Kurtz, ivres ; puis la tirade de Schiller, pleine de fureur et de grossièreté ; puis la manière dont les trois artisans s'emparent du coupable (« Et les Allemands saisirent Pirogov par les quatre membres », p. 88) et la vaine tentative de celui-ci pour se débattre ; enfin le déshabillage (« Les Allemands avec la dernière sauvagerie, lui arrachèrent tous ses vêtements », p. 89) et le châtiment par le fouet. Comme le commente avec ironie le narrateur : « Je dois avouer avec chagrin que le lieutenant Pirogov fut très douloureusement fouetté » (p. 89).

Ce châtiment paraît plutôt susceptible d'amuser le lecteur, par opposition aux tortures morales subies par Piskariov, à sa folie et à son suicide. Mais il faut croire qu'il était, à l'époque, digne d'effrayer et de choquer certains lecteurs, comme ceux du comité de censure de 1833 qui exigea la suppression de cette description. Cette évocation d'un officier russe traité comme un animal est en effet grotesque.

---

1. Voir le chapitre 13.

• « Le Manteau »

Le lecteur peut aussi, comme le critique russe Boris Eikhenbaum, dès 1918, voir dans tout le récit du « Manteau » une composition grotesque qui allie une veine pathétique et une veine comique[1].

La solitude de ce petit fonctionnaire qu'est Akaki, les humiliations qu'il doit subir, la nécessité pour lui d'économiser sou par sou pour s'offrir un manteau, la perte de ce manteau, l'échec de sa plainte auprès d'un « personnage important », sa maladie puis sa mort dessinent une histoire tragique. Mais on peut aussi considérer que ce tragique est dès le début contrebalancé par une veine comique. Ce comique apparaît dans le récit même de la généalogie d'Akaki, avec son nom formé sur le mot « savate », le choix de son prénom, la narration de son baptême comme celle d'un événement prémonitoire : « On baptisa l'enfant, qui se prit à pleurer et à grimacer comme s'il pressentait qu'il serait un jour conseiller titulaire » (p. 239). Le difforme comique (la grimace) se mêle au pathétique (les pleurs).

Effectivement, par la suite, le narrateur ne se prive pas de railler son personnage à propos de préoccupations devenues obsessionnelles (des monomanies) : son travail de copiste, puis le manteau neuf. Un exemple peut illustrer cette veine comique qui tend vers le grotesque : les sorties d'Akaki en ville et « l'art de se trouver sous une fenêtre au moment précis où l'on jetait toutes sortes de détritus » (p. 242).

Le grotesque comme produit d'un fantastique inattendu

Mais c'est dans le dénouement du « Manteau » qu' Eikhenbaum a vu « l'apothéose du grotesque ». Ce dénouement est, certes, d'abord lisible comme fantastique[2]. Cependant, au moins à trois moments, le fantastique paraît se dissoudre dans le rire, dans l'anecdote comique.

1. Voir le chapitre 9.
2. « Comment est fait « Le Manteau » de Gogol », dans Tzvetan Todorov, *Théorie de la littérature*, Seuil, Paris, 1965, p. 212-233.

1. À quoi aboutit la confrontation entre un garde, amateur de tabac, deux de ses collègues et le fantôme d'Akaki ? À ce que « le mort fit entendre un prodigieux éternuement dont les éclaboussures aveuglèrent les trois argousins » (p. 273). Le surnaturel sombre ici dans le trivial, effrayant et risible à la fois.

2. La confrontation du fantôme d'Akaki avec le « personnage important » engendre en elle-même un effet grotesque (p. 275). Mais elle le fait aussi par le ton sur lequel le narrateur présente la réaction du haut fonctionnaire, dont l'appellation, répétée, de « personnage important », sonne alors ironiquement : « Le malheureux personnage important faillit trépasser de frayeur » (p. 276). Et Gogol d'opposer à l'« aspect martial » du personnage devant ses inférieurs sa fuite devant le fantôme : « À la maison ! Au galop ! » (p. 276.) Cette farce grotesque, qui pourrait s'intituler « Le matamore épouvanté » est éclairante. Le fantastique a ici renversé les rapports de force.

3. L'altercation entre un fonctionnaire chétif et un fantôme « de taille beaucoup plus haute et pourvu d'énormes moustaches » (p. 277) coïncide avec la disparition d'Akaki et la fin de la nouvelle. Le lecteur doit-il rire ou pleurer sur cet anéantissement ? Gogol nous laisse trancher.

Dans « Le Journal d'un fou », le seul épisode que l'on puisse considérer comme fantastique, la correspondance entre les deux chiennes, allie le fantastique et le grotesque par le recours au point de vue de l'animal, d'en bas, sous la table ou « tapie dans son coin » (p. 184). L'évocation de la décoration reçue par le directeur réduit celle-ci à un « ruban », du point de vue de Medji qui l'a « reniflé » (p. 181) ; c'est pour le moins tourner en dérision l'effrayante vanité des hommes ! Dans la séquence de la visite de Tieplov à Sophie, la fille du directeur (p. 184), ce point de vue ne transmet-il pas la vision d'une humanité grotesque qui, à tort se croit supérieure au monde des animaux ? La futilité et la platitude dont témoignent ces fiancés, issus de la bonne société, les rendent aussi effrayants que stupides : « Ah ! ma chère, quelles sottises ils disaient ! » (p. 184.)

11 L'absurde

La nouvelle « Le Nez » est apparue comme « la plus énigmatique des œuvres de Gogol[1] », et même parfois, et ce dès les années 1920, comme exemplaire du « procédé de l'absurde[2] » qui traverserait toutes les œuvres de l'écrivain. L'absurde lui-même serait produit par le procédé de l'alogisme, c'est-à-dire par la destruction comique des liens logiques d'implication, à tous les niveaux, de l'intrigue à la phrase, en passant par le dialogue. Si « Le Nez » constitue l'illustration la plus typique de l'absurde chez Gogol, d'autres *Nouvelles de Pétersbourg* n'en sont pas exemptes, à des niveaux et à des degrés différents.

QUELQUES MOTS SUR L'ABSURDE

L'application de la notion d'absurde en critique littéraire est devenue célèbre en France depuis la publication du *Mythe de Sisyphe* de Camus (1942). Celui-ci y analyse ainsi la tension qui surgit de la détermination de l'homme à trouver un sens au monde et de la résistance qu'oppose le monde à cette aspiration. « L'absurde, c'est la raison lucide qui constate ses limites. C'est au bout du chemin difficile que l'homme absurde reconnaît ses vraies raisons[3] », écrit Camus.

---

1. Selon, entre autres, Gustave Aucouturier, éditeur scientifique des *Œuvres complètes* de Gogol dans la « Bibliothèque de la Pléiade » (Gallimard, Paris, 1966, p. 526).
2. Par exemple le critique russe Alexandre Slonimski.
3. Albert Camus, *Le Mythe de Sisyphe*, Gallimard, Paris, 1965, coll. « Bibliothèque de la Pléiade », Essais, p. 134.

Cette conception philosophique de la condition humaine, donc cette acception philosophique de la notion d'absurde, a été surtout décelée dans des œuvres du XXe siècle, celles de Ionesco et de Beckett, par exemple. Cela n'empêche pas de se demander si elle convient à des œuvres plus anciennes.

À l'évidence, la notion relève d'abord de la logique, science ancienne du raisonnement. « Absurde » signifie en premier lieu : contraire aux lois de la logique. L'épithète qualifie alors un raisonnement faux dans la forme même de son expression. Un raisonnement peut se révéler absurde dans deux cas :

1. Il n'est pas conforme aux règles de la syntaxe des symboles logiques. Il est dénué de sens par le désordre des éléments qui le composent.
2. Il est correctement formé. Mais, même s'il peut contenir un sens, celui-ci n'a aucun rapport avec la réalité.

On peut aussi interpréter le mot « absurde » selon l'emploi courant, et dérivé de la logique, de « contraire à la raison, au sens commun ».

Dans un récit, l'absurde peut se manifester d'abord dans le narré lui-même (ou histoire racontée ou trame événementielle). Il peut se manifester aussi ou uniquement dans la narration, c'est-à-dire dans l'expression.

L'ABSURDE COMME CARACTÉRISTIQUE DU NARRÉ : LE CAS DU « NEZ »

Pouchkine, en octobre 1836, présente ainsi « Le Nez », qu'il publie dans sa revue *Le Contemporain* :

> N. V. Gogol s'est longtemps refusé à laisser imprimer cette pochade, mais nous y avons trouvé tant d'inattendu, de fantastique, de gai, d'original, que nous l'avons persuadé nous laisser partager avec le public le plaisir que nous a procuré ce manuscrit.

Même si le mot « pochade » désigne une œuvre écrite rapidement, comme une sorte de canular – ce qui serait sous-estimer cette nouvelle –, l'énumération des adjectifs et le mot « original » est un hommage à sa nouveauté.

Un enchaînement de faits qui défie la logique

« Le Nez » ne se ramène pas aux innombrables récits de dédoublement de l'époque. En effet, rien dans l'histoire racontée n'est explicable, ni par des causes naturelles, ni par l'action de forces surnaturelles. Sauf si l'on admet que le diable est pour Gogol à l'origine de tout ce qui se passe ou pourrait se passer dans le monde.

Le narrateur présente déjà un enchaînement d'événements auxquels aucun esprit sensé ne peut trouver de raison ni de lien logique :

1. Un barbier trouve le nez d'un de ses clients dans un pain. Or il est certain de ne pas avoir coupé le nez de ce client.
2. Le barbier jette le nez dans la Neva.
3. Le client, le major Kovaliov, se retrouve privé de nez, le même matin, « sans rime ni raison », pensera-t-il lui-même (p. 220).
4. Le major rencontre son nez, agrandi et vêtu de l'uniforme d'un conseiller d'État. Or, rien ne relie cette rencontre à l'acte du barbier.
5. Un gendarme rapporte son nez (l'organe) à Kovaliov après que le Nez (le personnage) a été arrêté. Où est le lien logique entre deux phénomènes qui appartiennent à deux plans différents ?
6. Après de vains efforts pour recoller puis faire recoller son nez, Kovaliov le retrouve à sa place.

L'explication qu'il suppose de son aventure – un complot de Mme Podotchine dont il tarde à épouser la fille – est aussitôt démentie. Elle ne repose sur aucune logique, car le lecteur imagine mal une mère priver de nez le fiancé de sa fille ! Elle ne repose sur aucune possibilité matérielle ! La lettre de Kovaliov à Mme Podotchine ne peut servir que de rappel au lecteur de l'absurdité même de l'aventure, en raccourci : « La disparition subite de mon nez, sa fuite, son déguisement sous les traits d'un fonctionnaire, sa réapparition sous sa propre forme [...] » (p. 226).

Comble du paradoxe, le narrateur-auteur de la nouvelle n'est pas le moins étonné de cette « aventure », avec ses détails « inconcevables ». À la fin de la nouvelle, en un nouveau raccourci de l'histoire narrée, il s'interroge lui-même sur la logique qui aurait pu régir les événements, en eux-mêmes et dans leur enchaînement :

> Sans parler de la disparition, vraiment surnaturelle, du nez et de sa réapparition en divers endroits sous forme de conseiller d'État, comment Kovaliov a-t-il pu songer à réclamer son nez par la voie des journaux ? [...] Et puis comment le nez s'est-il trouvé tout d'un coup dans un pain frais ? Comment Ivan Yakovlévitch... Non, cela ne tient pas debout, je ne le comprends absolument pas.
>
> (« Le Nez », p. 232.)

La répétition de l'adverbe « comment » et la proposition « cela ne tient pas debout » rendent bien compte de l'absurde qui gouverne l'histoire narrée.

La banalisation de l'invraisemblable

Parmi les faits, le narrateur rappelle la réclamation au bureau d'annonces (p. 213). À travers ce rappel, apparaît une autre manifestation de l'absurde dans l'histoire : la mise sur le même plan de l'invraisemblable et du réel, la banalisation de l'invraisemblable, de l'« inconcevable » (p. 233).

• Les réactions de certains personnages secondaires

Nous avons pu relever quelques réactions d'effroi devant l'extra-naturel : celles du barbier, du major lui-même. Les réactions des autres personnages sont d'autant plus étonnantes et comiques pour le lecteur !

Ainsi, déjà, la femme du barbier n'est nullement troublée par la découverte de celui-ci, ni par le cheminement qu'aurait pu prendre le nez de Kovaliov pour se retrouver dans un petit pain : c'est seulement la peur d'ennuis de la part de la police qui la pousse à invectiver son mari : « Où as-tu bien pu couper ce nez, bougre d'animal ? » (p. 202.)

Au bureau d'annonces, l'employé finit par croire Kovaliov lorsque celui-ci lui montre son visage privé de nez. Mais il n'y décèle qu'« un jeu bizarre de la nature » qu'il préférerait voir raconter par « un habile écrivain » (p. 217), et dans un seul journal, *L'Abeille du Nord*. C'est moins le phénomène lui-même que l'employé redoute que la publication d'une « sornette » (p. 216). Il oublie assez vite la situation de Kovaliov pour oser offrir à son interlocuteur... une prise de tabac !

Et le commissaire du quartier? La visite de Kovaliov ne fait que le déranger dans sa sieste et dans son conformisme : « d'ailleurs un homme comme il faut ne se laisse pas arracher le nez » (p. 219). Et l'« exempt » (le gendarme) rapporte son nez à Kovaliov comme s'il s'agissait d'un banal portefeuille : après lui avoir annoncé fièrement que le voleur a été arrêté, il rassure le possesseur de... l'objet : « Votre nez est d'ailleurs en parfait état » (p. 223). Peu importe donc que cet organe ne soit pas à sa place habituelle !

Quant aux conseils du médecin – pas plus étonné que les autres –, de conserver l'organe dans du vinaigre tiédi et de l'esprit de sel, ils sont faux du point de vue médical.

Gogol ne s'en tient pas aux réactions de quelques personnages isolés, même si le lecteur peut déjà voir en ces derniers des exemples typiques des classes moyennes russes.

• Les réactions de la collectivité pétersbourgeoise

Vers la fin de la deuxième partie de la nouvelle, c'est de curiosité active qu'il s'agit : celle des Pétersbourgeois qui sont passionnés par les expériences de magnétisme à la mode, mais aussi par les « jeux de la nature », par les « phénomènes rares ». La banalisation de l'invraisemblable devient collective : « Aussi ne tarda-t-on pas à prétendre que le nez de l'assesseur de collège Kovaliov se promenait tous les jours à trois heures précises sur la Perspective » (p. 228). Ces curieux sont des nouvellistes, des élèves de chirurgie, telle « grande dame très respectable », avant que les cercles mondains ne dégradent cette « singulière aventure » (p. 228) en « anecdote » : « Tous ces événements réjouirent fort les habitués des réceptions mondaines, qui se trouvaient justement à court d'anecdotes propres à distraire les dames » (p. 229).

L'allusion au « magnétisme[1] » a conduit certains critiques[2] à interpréter l'ensemble du « Nez » comme une démonstration par l'absurde de l'excès d'intérêt des

---

1. Le magnétisme, inauguré par Messmer à la fin du XVIIIe siècle, consiste en un ensemble de techniques (telles l'hypnose, la suggestion) destinées à la fois à percer les mystères du psychisme humain et à soigner les maladies mentales. Il prétendait montrer que les magnétiseurs possèdent d'extraordinaires pouvoirs.
2. Comme H. Mongault dans une introduction au « Nez », en 1938.

mondains pour ces expériences. Ce n'est qu'une des interprétations possibles[1].

Cependant, l'absurde et l'alogisme, ne marquent pas que la structure du narré, dans « Le Nez », ni uniquement la nouvelle « Le Nez ». Parmi les cinq Nouvelles de Pétersbourg, « Le Nez » est le seul récit où l'enchaînement des faits n'est susceptible d'aucune explication logique. Mais l'absurde marque également d'autres nouvelles dans leur narration, à travers certains traits du langage.

L'ABSURDE COMME CARACTÉRISTIQUE DU LANGAGE

Pour apprécier cet aspect, l'idéal serait de se fonder sur le texte russe. Mais la traduction en communique adéquatement certaines manifestations.

« Le Nez »

En correspondance avec le narré, c'est, on s'en doute, le langage, la narration du « Nez » qui cultive le plus les procédés générateurs d'absurde.

Les dialogues soulignent le caractère insensé de certaines situations. Parmi eux, on peut s'arrêter sur le dialogue qui oppose Kovaliov et son nez en uniforme et sur celui de la visite de Kovaliov au bureau des annonces.

Ainsi Kovaliov croit parler à son propre nez : il l'a reconnu, bien que celui-ci ait la taille d'un homme et soit vêtu en conseiller d'État. Mais ce dernier le somme par deux fois de s'expliquer (p. 209, 210). Il prétend ne pas comprendre pourquoi Kovaliov lui demande de revenir à… « sa place » (p. 209). Et surtout, à son possesseur, le Nez (le personnage) ne répond qu'en termes de hiérarchie administrative (« nous appartenons à des administrations différentes », p. 210), déplaçant le problème sur un tout autre plan que la perte d'un organe. La partie (le nez) renie le tout (l'homme Kovaliov) ! Gogol ne se moquerait-il pas ici d'un thème de la littérature fantastique, le thème du double ?

---

1. Voir le chapitre 20.

La littérature romantique, préoccupée par la recherche de l'identité individuelle (le moi), s'est beaucoup intéressée au dédoublement de la personnalité, qui est précisément une menace pour le moi. Parmi les écrivains romantiques, les conteurs fantastiques – l'Allemand Hoffmann en particulier – ont imaginé que le dédoublement pouvait produire des doubles. Ce sont des personnages à la fois distincts de leurs originaux et identiques à ceux-ci. Ces doubles, nés de l'imagination des écrivains, apparaissent comme aussi inquiétants que les « clones » envisagés au xxe siècle par certains savants.

Avec l'employé, le dialogue joue bien sur les deux apparences et les deux statuts du nez : le nez comme « mon coquin » (p. 215), « ce monsieur [qui] roule carrosse et se fait passer pour conseiller d'État », donc un double (p. 216) et le nez comme « organe apparent » sans lequel il est difficile de se présenter en société *(ibid)*. Mais, à la fin du dialogue, il n'est plus question de double. C'est dans l'absurde que tombe l'employé, en offrant une prise de tabac à un homme sans nez !

L'absurde du langage dans les autres nouvelles

Un effet majeur de l'absurde, dans un discours – ici la narration d'histoires – ou dans les paroles des personnages, est de mener vers une dégradation du langage.

Certes, la folie ne mène pas d'emblée vers un langage absurde. Mais, dès lors que le fou devient narrateur et recourt au langage pour *décrire* son aventure intérieure, de l'intérieur, l'auteur qui, lui-même, n'est pas forcément fou, est conduit à donner à ce langage une tournure absurde pour le rendre crédible. Un fou pourrait-il s'exprimer en paroles continuellement cohérentes ?

Et de fait, dans « Le Journal d'un fou », à partir de l'entrée du 3 décembre surtout, se succèdent ou s'entremêlent des propos sans contenu réel et des raisonnements incohérents qui constituent donc deux manifestations de l'absurde. Ainsi, le fou s'imagine qu'il est d'un grade plus élevé que le sien en réalité ; il attribue au cerveau de l'homme une origine ridicule : « il est apporté par un vent qui souffle de la mer Caspienne » (p. 189) ; Poprichtchine fait de la Chine et de l'Espagne « une seule et même terre » (p. 195) contre toute réalité géographique et politique ; et, non content de prédire que « la terre s'assiéra sur la lune », il affirme que celle-ci « n'est habitée que par des nez » (p. 195). Mais Poprichtchine n'a pas perdu que le sens de la réalité. Il s'emballe véritablement dans des démonstrations dont l'argumentation apparente révèle l'absence de logique. La fin du journal du « 86e jour de Martobre » est typique à cet égard : entre l'endroit où Poprichtchine situe l'ambition – une vésicule sous la luette – et l'affirmation que « la plus grande partie du peuple français confesse la foi de Mahomet » (p. 192), le lecteur ne saisit pas de relation, sinon que le cerveau du raisonneur est malade. Et le lecteur se demande également quel rapport la toute dernière phrase : « Hé, savez-vous que le dey d'Alger a une verrue juste en dessous du nez ? » (p. 198) entretient avec l'appel à la mère qui précède.

Même dans « Le Portrait », à dominante tragique, apparaissent des marques d'absurde. C'est le cas dans le propos de personnages secondaires comme la dame aristocratique et sa fille. La dame refuse que le portrait de sa fille soit ressemblant lorsque Tchartkov veut y ajouter une « légère touche de jaune » (p. 124). Mais c'est au nom du même critère de ressemblance qu'elle refuse des retouches au portrait, idéalisé cette fois, de sa fille en Psyché (p. 126). Que lui importe cette contradiction ?

Enfin, dans « Le Manteau », le narrateur commente la langue d'Akaki, le héros du « Manteau », en des termes qui correspondent pleinement aux définitions de l'absurde : « Il faut savoir qu'Akaki Akakiévitch s'exprimait le plus souvent au moyen d'adverbes, de prépositions, voire de particules absolument dépourvues de sens » (p. 247). C'est ce qui a poussé B. Eikhenbaum à comparer cette langue « hors du temps, hors du moment, immuable », à une « langue de marionnettes[1] » et à ne voir dans cette nouvelle qu'un jeu de l'auteur.

---

1. « Comment est fait " Le Manteau " de Gogol », dans Tzvetan Todorov, *Théorie de la littérature*, Seuil, Paris, 1965, p. 224.

12 Les rêves et leur sens

Le rêve occupe une place importante dans « La Perspective Nevski » et « Le Portrait ». Dans le premier cas, l'univers du rêve apparaît comme une alternative heureuse à un quotidien trivial et décevant. Toutefois le divorce entre le rêve et la réalité mènera Piskariov, le rêveur, à sa perte. Dans « Le Portrait » les rêves servent de révélateur au désir, annoncent ce qui va suivre. En effet, l'usurier diabolique va satisfaire les aspirations que Tchartkov a manifestées dans son rêve. Dans « Le Nez », nous ne trouvons pas de rêve à proprement parler mais nous savons que le récit s'intitulait initialement « Rêve » et que les incroyables aventures de Kovaliov n'étaient qu'un rêve. En supprimant la donnée onirique, Gogol met en place un fantastique original.

L'UNIVERS ONIRIQUE : UN MONDE IDÉAL MAIS DANGEREUX

Les romantiques opposent traditionnellement le monde de l'ailleurs auquel on accède par la révélation mystique, les drogues, la magie, la folie, l'inspiration, et le monde des réalités quotidiennes, triviales et sordides. L'œuvre de Hoffmann en offre maints exemples. Le rêve est donc l'une des voies royales qui permettent de pénétrer ce monde des réalités supérieures.

Les rêves de Piskariov, l'un des personnages centraux de « La Perspective Nevski » illustrent cette idée mais en partie seulement.

Le sens du premier rêve

Après avoir découvert que sa femme idéale n'est qu'une fille de joie, Piskariov, rentré chez lui, fait un premier rêve.

Ce rêve est assez long puisqu'il occupe les pages 61 à 67, ce qui indique l'importance de l'univers onirique pour ce personnage. Dans ce rêve, il se voit convoqué à un bal par un laquais en riche livrée qui frappe en pleine nuit à la porte de sa chambre solitaire. La dame chez qui il était il y a quelques heures le prie de venir chez elle et lui envoie son coupé. Une foule immense se presse auprès d'un hôtel particulier inondé d'une vive lumière. Au milieu des danseurs Piskariov découvre une femme d'une rare beauté vêtue d'une toilette extraordinaire. C'est celle qu'il a suivie sur la Perspective Nevski. Elle veut lui découvrir son secret, lui expliquer la mystérieuse raison des étranges circonstances de leur rencontre. Là-dessus, elle disparaît pour un instant en promettant de revenir. Piskariov ne peut attendre et se lance à sa poursuite, la perd puis se réveille. Et d'opposer les délices du rêve à l'horreur que lui inspire la réalité : « Oh ! comme le réel est rebutant ! Qu'est-il, comparé au rêve ! » (p 67.)

Il est intéressant de noter que le moment où Piskariov s'enfonce dans le rêve est présenté comme un réveil : Piskariov sort de l'assoupissement où il était plongé lorsque le laquais frappe à sa porte. Cela signifie que l'entrée dans le rêve est un éveil à la vraie réalité. Du moins Piskariov le croit-il.

Par ailleurs, et ce n'est pas le moins étonnant, la description de ce premier rêve est dépourvue de toutes les marques traditionnelles du récit onirique : rupture des continuités spatiales et temporelles, des relations logiques, perception déformée. Ici tout est parfaitement normal. Tout se déroule selon un ordre chronologique sans surprises. Les mouvements et les actes sont parfaitement coordonnés. Les effets de réel caractéristiques du discours réaliste abondent :

> Il y prit place, la portière claqua, les pierres de la chaussée résonnèrent sous les roues et les sabots, et des rangées d'immeubles éclairés et d'enseignes éclatantes défilèrent aux fenêtres du coupé.
>
> (« La Perspective Nevski », p 62.)

Autre modification du récit onirique traditionnel : Piskariov s'interroge sur le sens et la vraisemblance de ce qui lui arrive. D'ordinaire, le rêveur, tout à la fois spectateur et acteur de son rêve, ne s'étonne nullement du décalage par rapport à la réalité que celui-ci lui présente. En gommant les frontières entre rêve et réalité, en remplaçant le récit onirique par un récit réaliste (la description de la foule qui se presse au bal reprend, transposée, celle de la foule de la Perspective Nevski au début du texte), Gogol entend montrer encore que, pour Piskariov, le rêve est aussi, sinon plus, réel que la veille.

La fuite dans les songes et le suicide

Dès lors, Piskariov n'aura de cesse de retrouver les impressions divines de son premier rêve. Il fuit le quotidien pour plonger dans un sommeil qui lui rendra, croit-il, toutes ses joies :

> Les songes finirent par être toute sa vie, et dès lors toute sa vie prit un tour étrange : on peut dire qu'il dormait éveillé et qu'il veillait en rêve.
>
> (« La Perspective Nevski », p. 68.)

Hélas, tous ses songes sont désormais plats et sordides. Pour retrouver la vision qui l'obsède, il a recours à l'opium. De fait, sa bien-aimée fait une nouvelle apparition, vêtue d'une robe simple et assise à la fenêtre d'une maisonnette de village.

L'opium et la tension de ses pensées vers un unique objet font que la jeune femme va lui apparaître presque chaque jour et toujours sous un aspect contraire à la réalité. En effet, le rêve exprime ses pensées et ses désirs à lui. Il n'a aucune valeur objective. On retiendra l'image de la bien-aimée sous les traits d'une épouse aimante regardant son époux peindre. Cette vision idyllique va déclencher le drame. Mêlant rêve et réalité, Piskariov s'en va faire une demande en mariage dans la maison de rendez-vous. Ses offres de vie honnête et laborieuse ne rencontrent que des sarcasmes. Rentré chez lui, il se tranche la gorge.

Piskariov représente le type romantique du rêveur que le divorce entre le rêve et la réalité mène à préférer le monde des rêves. Le fait que la vie rêvée débouche sur un suicide atroce montre que Gogol, s'il reprend le thème romantique de la fuite hors du monde vers des réalités supérieures, le met sérieusement en question.

LE RÊVE, RÉVÉLATEUR DU DÉSIR COUPABLE ET MAUDIT

Dans « Le Portrait », Tchartkov, revenu du Marché Chtchoukine, où il a fait l'acquisition d'un vieux tableau représentant un vieillard de type oriental aux yeux brûlants d'on ne sait quelle passion, fait trois rêves coup sur coup. À la clarté de la lune (cliché romantique) il voit le vieil homme sortir de son cadre, s'approcher de son lit et compter des rouleaux d'or de 1 000 ducats chacun. Tchartkov se saisit de l'un d'entre eux, tombé au pied de son lit. C'est alors qu'il se réveille et voit le vieillard rentrer dans son cadre. La lune illumine une série d'objets pas du tout poétiques : une draperie abandonnée sur une chaise, un pantalon, des bottes non cirées. Tchartkov s'aperçoit alors qu'il est planté devant le tableau et voit les lèvres du vieillard bouger comme si elles voulaient l'aspirer. Il fait un bond en arrière, en proie à l'épouvante... et se réveille de nouveau. Il est toujours dans son lit. Soudain, il voit bouger le drap dont il avait recouvert le portrait avant de se coucher. On dirait que des mains s'efforcent de le rejeter par-derrière. Un signe de croix, et il se réveille pour la troisième fois.

On peut donc parler de rêves imbriqués les uns dans les autres et dont la succession forme une suite chronologique. Seul le signe de croix peut interrompre cette série, ce qui peut suggérer d'emblée leur caractère maléfique.

Par ailleurs, le texte insiste sur le caractère de réalité du rêve : détails significatifs comme l'inscription « 1000 ducats », sensation de pesanteur de la main qui a tenu le rouleau d'or, précision et enchaînement des gestes. Enfin « l'effroyable apparition avait eu tout le relief de la réalité » (p. 109).

Cette étrange réalité des rêves de Tchartkov est sans doute due à ce qu'ils expriment deux choses bien réelles. Tout d'abord, Tchartkov souhaite obtenir de l'argent, et ce par n'importe quel moyen. Ne se rend-il pas coupable de vol en s'appropriant le rouleau d'or tombé à côté de son lit ? En fait, il a, ce faisant, succombé à la tentation. Il est tombé dans le piège ourdi par le démon. Ce n'est pas un hasard si, le lendemain, il regrette de ne pas posséder au moins une partie de l'argent entrevu en rêve, si le souvenir de l'or apparaissant puis disparaissant à nouveau dans le sac lui procure une jouissance physique. Le désir d'argent coexistait dans son âme avec d'autres pulsions, l'amour de l'art par exemple, mais il est devenu dominant. Les très brefs intervalles d'éveil qui séparent les rêves expriment sans doute la résistance de la part idéaliste de Tchartkov.

Par ailleurs, le geste terrifiant du vieillard allongeant les lèvres comme pour aspirer le jeune homme n'est pas innocent lui non plus. C'est le geste d'un vampire. Assuré du pouvoir de l'argent sur le jeune peintre, le vieillard esquisse un geste qui symbolise toute l'histoire à venir : il va sucer la vie et le talent de Tchartkov.

Les deux rêves sont révélateurs d'un désir : désir d'argent, désir de s'approprier l'autre. En ce sens le texte de Gogol peut, à plus d'un titre, être considéré comme une illustration des thèses de Freud.

Les visions d'enfer qui peuplent l'agonie de Tchartkov sont comme la résurgence de ces rêves. Le terrible portrait semble se démultiplier à l'infini. L'espace tout entier est envahi par les yeux effrayants animés d'une vie morbide. Le mal prend possession de la totalité de l'univers de Tchartkov. La damnation est proche.

LE RÊVE, PREMIÈRE ÉTAPE D'UN FANTASTIQUE ORIGINAL

Dans une première rédaction « Le Nez » (en russe *nos*) s'appelait « Le Rêve » (en russe « rêve » se dit *son*, anagramme du mot qui signifie « nez »). Il s'agit donc d'un retournement verbal au sens propre du terme. Le récit se situait dans un rêve et, en se réveillant, le major Kovaliov avait la satisfaction de trouver son nez bien à sa place.

Gogol supprime le cadre du rêve et situe le retour du nez dans la réalité, une réalité pour le moins mystérieuse. En effet, le nez se retrouve un beau jour entre les deux joues du major Kovaliov comme si rien ne s'était passé. Ce faisant, et à la différence des deux récits dont il a été question précédemment, Gogol conserve les caractéristiques majeures de la perception onirique avec ses substitutions inattendues, ses regroupements paradoxaux, ses ruptures chronologiques, ses causalités aberrantes et les intègre à la « réalité ». Du coup, cette réalité se trouve mise à l'envers, « étrangéifiée ». Cette appréhension paradoxale des faits fait surgir « l'autre » vérité, celle qu'occultait une perception émoussée par la routine, « normale ».

Nous donnerons quelques exemples de la façon dont, dans « Le Nez », la narration réfracte une perception onirique. Les deux premiers chapitres sont pour ainsi dire inachevés, se terminent sur des incertitudes. La disparition même du nez relève des fantasmes de perte que l'on peut observer dans certains rêves d'autodévaluation. Les métamorphoses du nez, aussi vagues qu'incroyables, relèvent également de la logique du rêve qui ne vient jamais achopper sur des impossibilités physiques. Caractéristique également du rêve, le mélange de rationnel et d'irrationnel que l'on trouve dans l'épisode de l'annonce ou dans les ratiocinations faussement scientifiques du médecin. Enfin les accusations portées contre madame Podotchine ainsi que sa réponse à Kovaliov (p. 226-227) vont à l'encontre des relations de causalité que l'on peut trouver dans la réalité. En revanche ce type de « raisonnements » où le désir tient lieu de logique est fréquent dans l'univers du rêve. Cette narration qui transporte dans la réalité la syntaxe et la logique du rêve donne à voir un monde imprévisible, distordu, dangereux, instable. Peut-être Gogol révèle-t-il de la sorte la véritable nature de l'univers pétersbourgeois, univers d'illusions et de faux-semblants peuplé de chausse-trappes.

13 La folie

Avec « Le Journal d'un fou », Gogol s'inscrit explicitement dans une tradition littéraire du thème de la folie. Expérience-limite, tragique, la folie a intéressé les écrivains depuis l'Antiquité.

Dans la première moitié du XIXe siècle, bien que la médecine ait commencé à étudier la folie, celle-ci reste entourée d'un certain mystère. Elle paraît à la fois plus proche qu'autrefois et toujours redoutable. À l'époque de Gogol, de nombreux écrivains, Balzac, Hoffmann, Edgar Poe s'intéressent à ce phénomène.

La titre « Le Journal d'un fou » annonce une omniprésence de la folie dans ce texte. Mais la folie est présente également dans les autres nouvelles de Gogol, identifiable par le vocabulaire : les mots « folie », « démence », « délire » y figurent à plusieurs reprises. « Le Nez » fait exception : aucun personnage n'est décrit comme fou. C'est l'histoire qui relève elle-même de l'absurde.

Quelles sont les formes de la folie ? Quelles en sont les causes, donc les significations ?

FORMES DE LA FOLIE

Dans les *Nouvelles de Pétersbourg*, la folie prend des formes variées. Mais seul « Le Journal d'un fou », centré sur la folie, analyse celle-ci selon une évolution qui conduit le fou vers l'internement. Évoquons d'abord les autres nouvelles afin de mieux montrer l'originalité du « Journal d'un fou ».

La folie dans « Le Portrait », « Le Manteau » et « La Perspective Nevski »

• Formes mineures

Certains personnages connaissent des formes mineures de la folie, du moins en apparence. Telles sont (au début) la « joie délirante » (p. 123) de Tchartkov, invité dans la haute société, ou celle du « personnage important » du « Manteau » recevant son titre d'excellence (« ... son esprit s'égara », p. 266).

Mais, à moyen terme, Tchartkov, devenu peintre à la mode, perdra son talent. Il se sera donc perdu lui-même. À court terme, la folie du « personnage important » l'amènera à perdre « tout contrôle sur soi-même » (p. 266) et à se comporter de façon « insupportable » envers ses inférieurs. Cette folie provoquera la mort d'Akaki puis sa vengeance posthume.

• La folie furieuse

La perte de soi-même, celle d'autrui, ou les deux, sont les conséquences de formes de folie furieuse.

Dans « Le Portrait », la folie furieuse domine, que ce soit celle de Tchartkov ou celle du peintre B***. Ils en sont atteints lorsqu'ils ont pris conscience de la perte de leur talent et deviennent tourmentés par l'envie.

Chez Tchartkov ce sont d'abord, devant le chef-d'œuvre d'un autre peintre, des réactions qui échappent au contrôle de sa raison : larmes, sanglots (p. 135). Puis il gravit un palier dans la folie par ses actes de vandalisme. Il se conduit alors en bête féroce : « Quand il avait payé très cher un tableau, il [...] se jetait dessus comme un tigre pour le lacérer, le mettre en pièces, le piétiner en riant de plaisir » (p. 137). Enfin cette folie devenue « infernale manie », « monstrueuse passion », le transforme aux yeux de son entourage en démon et en « terrible fléau » (p. 137). Il n'est plus lui-même mais agit comme un instrument du « ciel en courroux » (p. 137).

Dans la seconde partie du « Portrait », la folie furieuse pousse des personnages vers la persécution, le meurtre ou la tentative de meurtre. Tels sont le mécène, avec ses « effroyables accès de folie furieuse » (p. 148) et le prince R***. Seul le père du peintre se domine, après avoir été dominé par l'envie. Il retourne son agressivité contre le portrait maléfique qu'il a lui-même peint : « Il [...] s'empara du portrait de l'usurier, réclama un couteau et fit allumer du feu afin de le couper en morceaux et de le livrer aux flammes » (p. 155-156). C'est opposer le feu purificateur au feu de l'enfer et donc, ici, sortir de la folie.

En revanche, cette folie furieuse finit par dévorer Tchartkov comme Akaki Akakiévitch, dont le narrateur décrit l'agonie ainsi : il « délira sans arrêt jusqu'à sa dernière heure » (p. 270).

À propos de Tchartkov, Gogol prend soin de distinguer, à l'aide de termes médicaux, les maladies physiques (« fièvre maligne », « phtisie galopante ») et « les symptômes d'une démence incurable » (p. 138). Il note deux séries de symptômes auxquels ressemblent ceux qui affectent Akaki lorsqu'il est à l'agonie : des hallucinations et un dérèglement du langage.

Pour Tchartkov comme pour Akaki, le lecteur peut observer des effets de grossissement des souvenirs. Ceux-ci se transforment en visions : d'« yeux » chez le premier, d'un effrayant « manteau » chez le second. Chez le peintre s'ajoutent des effets de multiplication des visions et de déformation du réel : « la pièce s'élargissait, se prolongeait à l'infini » (p. 138).

On rapprochera également les « paroles décousues » et les « abominables lamentations » de Tchartkov des « horribles jurons » et des « paroles incohérentes » d'Akaki (p. 270).

Dans « La Perspective Nevski », le narrateur suit étape par étape la folie du peintre Piskariov à partir de la première déception que lui cause sa belle « inconnue ». C'est d'abord un rêve. Il rêve qu'il cherche la femme aimée au milieu d'une foule, proliférante, étouffante : « Il se précipita comme un fou à travers la cohue » (p. 66). Puis, le narrateur évoque le début d'une schizophrénie du héros, c'est-à-dire d'un dédoublement de sa personnalité, ici entre des journées vides et des nuits peuplées de songes. Le héros prend certes conscience de ce dédoublement, un « éternel divorce entre le rêve et la réalité » (p. 70-71), mais il l'a déjà accru par l'opiomanie : « L'usage de l'opium surexcitait davantage encore ses pensées » (p. 71).

L'échec de sa demande en mariage, et surtout les propos vulgaires et « l'existence vile » (p. 74) de la jeune femme, aggravent encore la folie de Piskariov. Gogol évoque l'errance de Piskariov et son apparence hallucinée : « blême, l'air hagard, les cheveux en désordre, le visage marqué des signes de la folie » (p. 74).

L'originalité du « Journal d'un fou »

« Le Journal d'un fou » est apparu dans la tradition littéraire comme un exemple d'analyse clinique de la folie. Il se distingue des autres *Nouvelles de Pétersbourg* comme le seul récit qui soit écrit à la première personne.

Mais cette écriture à la première personne n'est pas l'originalité essentielle du texte, ni par rapport aux œuvres de l'époque sur la folie, ni par rapport aux autres nouvelles. Cette originalité réside dans le statut inhabituel du personnage de fou. En effet, ce n'est ni un artiste ni un esthète riche et oisif. La folie touche ici un « conseiller titulaire », c'est-à-dire un petit fonctionnaire[1]. Gogol rend ainsi la folie de son héros encore plus proche du lecteur.

Ainsi, Gogol se met à la place de son fou. Il parvient à nous montrer, palier par palier, la progression de Poprichtchine vers l'aliénation mentale, au sens de trouble, qui rend étranger à soi-même (*alius* : « un autre »).

• La montée de la folie

Pour le lecteur, les signes de la folie de Poprichtchine sont présents dès le début de son journal où l'employé attribue à son chef de section ce soupçon sur sa santé mentale : « Comment se fait-il que tu aies toujours un pareil brouillamini dans la cervelle, frère ? » (p. 167.) Et, comme nous l'avons vu[2], sa perception d'une conversation entre deux chiennes n'a qu'une explication naturelle : la folie. Les propos qu'il dit avoir adressés à la jeune maîtresse de la chienne Fidèle : « J'ai besoin de parler à votre chienne » (p. 178) traduisent à coup sûr un comportement déviant. C'est ce que confirme la réaction de la jeune fille : « Je crois que la jeune fille m'a pris pour un fou car elle a semblé extrêmement effrayée » (p. 179). Il prétend alors qu'il a réussi à intercepter une correspondance entre deux chiennes, Fidèle et Medji, la chienne de la fille de son directeur.

Mais au fur et à mesure que Poprichtchine lit et transcrit cette correspondance, ses commentaires laissent percevoir

---

1. Voir le chapitre 14.
2. Voir le chapitre 9.

une aggravation de son état morbide. Peu à peu, des commentaires qui traduisent la confusion mentale (« Peut-être y trouverons-nous quelque chose de plus sensé », p. 181) font place à d'autres qui marquent une évolution vers la paranoïa puis vers la schizophrénie.

• Vers la paranoïa et la schizophrénie

La lecture des propos que Medji aurait écrits à son sujet (« avorton » par exemple) entraîne chez Poprichtchine un sentiment de persécution. Il se croit victime de la jalousie et de la haine de son chef de section. Mais c'est l'annonce du mariage entre la fille du directeur et un jeune gentilhomme qui va le précipiter vers la schizophrénie. Il met en doute son statut social, commence à s'en inventer un autre, jusqu'à perdre la notion de son identité. Ces trois étapes sont nettement énoncées : « Pourquoi suis-je conseiller titulaire, et à quel propos ? Peut-être que je suis comte ou général et que j'ai seulement l'air comme ça d'être un conseiller titulaire ? Peut-être que j'ignore moi-même qui je suis » (p. 187).

L'intérêt soudain de Poprichtchine pour les « affaires d'Espagne » provoque sur le petit fonctionnaire l'ébranlement décisif. Ces affaires lui apportent de quoi donner un contenu à sa quête d'une nouvelle identité.

À partir de la date, « An 2000, 43e jour d'avril » (p. 189), le journal de Poprichtchine devient celui d'un aliéné. Et Gogol paraît réaliser une parfaite correspondance entre l'écriture de la folie et la folie vécue.

Poprichtchine perd tout point de repère temporel et l'affirmation « Ce roi, c'est moi » (c'est-à-dire le nouveau roi d'Espagne) confirme l'aliénation. Il devient un autre. Cela s'exprime par divers signes. D'abord, l'idée qu'on aurait dû l'« enfermer dans une maison de santé » quand il se croyait conseiller titulaire traduit un renversement total de ses points de repère sociaux. Chez Poprichtchine, l'écriture de la folie s'exprime par des raisonnements incohérents[1]. La folie vécue ressort à travers des actes dont il se vante, comme le refus de se rendre au ministère et le déguisement en roi d'Espagne.

---

1. Voir le chapitre 11.

• **L'internement**

À partir du journal daté de « Madrid, 30 février », la folie atteint son point culminant à travers la confusion des lieux puis des coutumes. En effet, de façon particulièrement ingénieuse, Gogol informe le lecteur sur la thérapeutique appliquée aux fous tout en laissant son personnage communiquer sa confusion mentale. Poprichtchine confond l'asile d'aliénés avec un palais royal, les autres fous, « une foule d'hommes à la tête rasée », avec « des grands ou des soldats » (p. 194) et les « coups de bâton » avec un « rite de chevalerie » (p. 195) ou des « coutumes populaires en Espagne » (p. 196). L'« eau froide sur le crâne » et des coups de bâton de plus en plus violents seront attribués à un « Grand Inquisiteur ».

CAUSES DE LA FOLIE

Gogol privilégie trois causes essentielles de la folie, qui peuvent coexister chez le même individu. Ce sont la passion amoureuse insatisfaite, la passion de la gloire artistique et le tourment de la reconnaissance sociale.

La passion amoureuse insatisfaite

Elle constitue la cause immédiate essentielle de la folie dans « La Perspective Nevski » et dans « Le Journal d'un fou », bien qu'elle n'en soit pas la cause profonde.

• **« La Perspective Nevski »**

Gogol établit une relation claire chez Piskariov entre sa passion amoureuse et la démence. Mais, plus profondément, le lecteur peut voir en Piskariov le type de l'artiste romantique. Celui-ci voue un tel amour à la Beauté idéale qu'il est prêt à assimiler les apparences à l'essence[1]. D'emblée, le jeune peintre perçoit la jeune inconnue à travers le souvenir d'un tableau : « J'ai vu, merveilleuse, absolument la Bianca du Pérugin » (p. 52). D'ailleurs le narrateur relie d'abord la passion naissante de Piskariov à la

---

1. Voir le chapitre 14.

solitude et à la timidité de l'artiste idéaliste : « le peintre Piskariov, renfermé, timide, mais qui portait dans son âme des étincelles de sentiment prêtes, l'occasion aidant, à jaillir en flamme » (p. 55). C'est pourquoi Piskariov divinise la jeune fille (p. 55). Même lorsqu'il découvre sa profession de prostituée, il reste « envoûté » par la première apparence, « merveilleuse » (p. 60). Cette passion fondée sur les apparences est déjà vouée à l'échec. Et le « plan inconsidéré » que Piskariov conçoit sous l'empire de l'opium – « sauver » l'autre par le mariage – ne fait qu'aggraver sa folie.

La folie vient ici d'une impossibilité foncière : l'artiste qu'est Piskariov ne peut réconcilier son propre idéal et la réalité d'autrui.

• « Le Journal d'un fou »

Poprichtchine n'a pas de but aussi élevé. Petit fonctionnaire, il ne voit pas en sa bien-aimée, la fille du directeur, l'incarnation de la Beauté absolue. Il se présente cependant comme un amoureux transi : « Elle a jeté un coup d'œil à droite, à gauche, j'ai distingué dans un éclair ses yeux, ses sourcils... Seigneur mon Dieu ! j'étais perdu, perdu ! » (p. 169.) Et si la correspondance des chiennes l'intéresse, c'est pour tout savoir sur la fille du directeur.

Ses réactions lorsqu'il se trouve en présence de la jeune fille prêtent à sourire. Elles n'en traduisent pas moins l'excès. Il compare la jeune fille à un « soleil » puis sa voix à celle d'un « canari » (p. 172). Les résultats immédiats de cette idéalisation sont certes éloignés du « plan » de Piskariov : il balbutie, glisse sur le parquet et s'exclame : « quel mouchoir ! » (p. 172).

Mais la jalousie envers Tieplov, le fiancé de celle qu'il aime, mêlée de passion de la reconnaissance sociale, précipite Poprichtchine vers la schizophrénie.

La passion de la gloire artistique

« Le Portrait », au moyen du fantastique, analyse les ravages mentaux et moraux de la passion de la gloire quand celle-ci se dégrade en gloriole, en pure vanité.

Le maître de Tchartkov avait deviné le germe de cette passion chez son disciple : « Attention, ne va pas devenir un peintre à la mode » (p. 102). Le rouleau de mille ducats, donc le portrait maléfique de l'usurier, met Tchartkov devant un choix entre deux programmes de vie. Ou bien il choisira de travailler « trois ans sans (se) dépêcher, sans songer à la vente » et de « devenir un bon peintre », ou bien il profitera de « son ardente jeunesse » (p. 116). Il opte pour le deuxième programme, fondé sur la gloriole. Il n'est pas question de gagner patiemment la gloire mais de la « violenter » (p. 118).

Lorsqu'il retrouvera le portrait maléfique, il connaîtra l'« affreuse torture qui ronge parfois les talents médiocres quand ils essaient vainement de dépasser leurs limites » (p. 137). Comme nous l'avons vu, il sombrera alors dans la folie furieuse.

Dans la seconde partie du « Portrait », Gogol continue de montrer les effets néfastes de la vanité sur le talent artistique. Ainsi le père du peintre B*** se repent à temps de la vanité comme d'un « sentiment infernal » (p. 156) et se retire dans un monastère pour créer véritablement. Dans son discours à son fils, ce peintre établit bien la distinction entre deux types de passions pour l'art : « Sacrifie tout à l'art ; aime-le passionnément, mais d'une passion tranquille, éthérée, dégagée des concupiscences terrestres » (p. 161).

La passion de la reconnaissance sociale

Dans « Le Portrait », chez Tchartkov devenu artiste mondain, cette passion se manifeste par la soif de succès faciles. Elle explique clairement sa « joie délirante » (p. 123) d'être invité dans la haute société.

Dans « Le Journal d'un fou », les réactions de Poprichtchine face à la fille du directeur témoignent de son respect pour le grade du père (p. 172). Mais, de ce fait, se révèle très tôt dans le journal de Poprichtchine l'obsession d'être reconnu socialement par les autres. Il rapporte cette pensée à propos d'un valet du directeur : « Un jour, une de ces brutes s'est avisée de m'offrir du tabac, sans bouger de sa place ! Sais-tu bien, esclave stupide, que je suis un fonctionnaire de noble origine ? » (p. 173.) Puis il écrit à propos de son chef de section : « Je suis noble. Je peux monter en grade, moi aussi » (p. 174).

Comme nous l'avons vu, la jalousie précipite Poprichtchine dans la schizophrénie. Mais elle est liée à un désir excessif de reconnaissance sociale, en fonction de l'origine noble que prétend avoir le fou. Se prenant pour Ferdinand VIII d'Espagne, il note : « J'ai regardé toute cette vermine administrative » (p. 190). Le terme méprisant de « vermine » traduit l'excès dans le culte du grade et du statut social. On peut voir là des effets de la machine administrative[1] mais aussi ceux d'une psychologie individuelle.

En fait, à travers l'analyse de la folie sous diverses formes, Gogol enseigne à son lecteur la méfiance envers toutes les passions. Seule une passion « éthérée » pour l'art lui apparaît comme légitime.

---

1. Voir le chapitre 4.

14 La réflexion sur l'art dans les *Nouvelles de Pétersbourg*

Gogol s'est beaucoup intéressé à l'art, tant du point de vue de la théorie que du point de vue de la morale et de la religion. Il est l'auteur d'articles sur l'architecture, a longuement fréquenté les peintres durant ses séjours en Italie. C'est d'ailleurs à partir de la peinture que l'écrivain élabore un certain nombre de réflexions sur l'art dans les *Nouvelles de Pétersbourg*.

La peinture est en effet évoquée dans « La Perspective Nevski » avec le personnage de Piskariov. Elle est au centre du « Portrait ». Nous étudierons dans un premier temps la typologie des peintres pétersbourgeois tels que les présente Gogol.

Par ailleurs, il existe un art que Gogol condamne au nom de sa conception de l'esthétique. Il est aussi un art qui détruit, un art condamné. Nous nous efforcerons de cerner les particularités de cet art maudit.

À l'inverse, il existe un art salvateur qui exprime la sainteté de l'artiste, témoigne de la présence de Dieu, de l'unité du Bon et du Beau.

TYPOLOGIE DES PEINTRES PÉTERSBOURGEOIS

Dans « La Perspective Nevski », Gogol trace un portrait générique des peintres pétersbourgeois. Il s'agit d'une catégorie relativement rare dans une ville où tout semble voué à l'administration, au négoce, à l'artisanat. Pauvres, timides, effacés, les peintres pétersbourgeois semblent quelque peu falots en regard de l'éclat et de l'exubérance des artistes italiens. Ils se contentent de peu, leurs toiles semblent refléter la grisaille nordique de leur cité. D'ailleurs, ils puisent la plupart de leurs sujets dans le quotidien qui les entoure. Gogol nous trace deux figures contrastées d'artistes pétersbourgeois. Il y a d'une part Piskariov, le rêveur, d'autre part Tchartkov, l'artiste commercial. Notons qu'avant de succomber à la tentation diabolique de l'argent, Tchartkov était presque un *alter ego* de Piskariov. Comme lui, il vivait dans la pauvreté et, en dépit de certains instants de doute, il lui arrivait de tout oublier au monde lorsqu'il était plongé dans la création. Il visait alors à égaler les grands maîtres d'antan.

L'artiste rêveur

La figure du rêveur se rencontre fréquemment dans la littérature romantique. Le rêveur dédaigne ou ignore la réalité souvent triviale qui l'entoure et vit dans un monde fantasmatique, un monde imaginaire et souvent chimérique. Le heurt entre rêve et réalité est au centre de nombreux sujets, et c'est d'ailleurs le cas dans « La Perspective Nevski ».

Le rêveur est souvent un créateur, un artiste. Toutefois, coupé du réel, il ne crée pas d'œuvre tangible. À la place, il se borne à brasser de fébriles spéculations et cette apparence de création n'aboutit pour finir qu'à la stérilité. Piskariov représente ce type. Il ne porte en lui que l'étincelle d'un talent irréalisé. Nous ne le voyons pas créer. À tout le plus, nous apprenons qu'il dessine une belle femme pour un Persan assez louche... en échange d'opium. Dans ses rêves, il se voit en train de créer mais il n'y a là rien de réel. En fait, Piskariov, au lieu de créer du beau à partir du trivial, de l'ordinaire, du quotidien, comme semblent le faire d'autres artistes pétersbourgeois, recherche la Beauté incarnée dans le charnel. Il poursuit une chimère. Il veut croire contre toute évidence que la femme qu'il a suivie sur la Perspective Nevski réunit idéalement en elle le Beau et le Bien. La réalité oppose une dénégation cinglante à son imaginaire et il répond à la situation en fuyant dans le paradis artificiel de l'opium. Cette funeste habitude, jointe à une rebuffade particulièrement douloureuse, le mène au suicide.

Il faut remarquer que Piskariov aurait pu faire de la prostituée au visage angélique une incarnation du Beau et du

Bien en ayant recours à l'alchimie de l'art qui peut transmuter le trivial en sublime, autrement dit en la mettant au centre de quelque tableau à sujet élevé. Il a donc démérité de sa vocation artistique en confondant art et réalité, en recherchant une satisfaction personnelle d'ordre amoureux. Dans la perspective chrétienne qui est celle de Gogol, le suicide est un crime inspiré par le démon. Il apparaît comme la conséquence et le châtiment d'un manquement à la vocation sublime de l'artiste. D'ailleurs, Gogol écrit :

> Les bras convulsivement contractés et le visage atrocement déformé laissaient deviner que sa main lui avait mal obéi et qu'il avait longtemps souffert avant que son âme pécheresse quittât son corps.
>
> (« La Perspective Nevski », p. 74-75.)

L'artiste prostitué

Il s'agit, bien sûr, de Tchartkov, le personnage central du « Portrait ». Autrefois doué et impécunieux, Tchartkov, une fois entré en possession des deniers du démon, prostitue son art, cède à la facilité. Il multiplie les œuvres convenues pour satisfaire les exigences naïves d'une clientèle fortunée avide de se voir représentée, qui en Mars, qui en Byron, qui en Ondine ou en Aspasie. Le peintre jadis esseulé devient un mondain, un dandy. Les honneurs pleuvent sur lui. Hélas, son talent l'a fui à tout jamais. Lorsqu'il en prend conscience en comparant mentalement ses portraits bâclés et convenus au chef-d'œuvre d'un ancien camarade, la haine le submerge. Il consacre désormais son temps et son argent à acquérir des œuvres de valeur dans l'unique but de les détruire. Seule la mort, une mort horrible, mettra un terme à ces débordements.

Les aventures de Tchartkov permettent au lecteur de faire connaissance avec une amusante galerie de gens haut placés pour qui la principale fonction d'un art qu'ils veulent joli, propre, sans ombres ni taches, est d'embellir et de magnifier leur propre personne. Avec Tchartkov, ils dénigrent les grands maîtres, les préraphaélites, Michel Ange et Raphaël, coupables sans doute à leurs yeux de ne s'être guère souciés de faire plaisir à d'éventuels clients. Tous autant qu'ils sont, selon eux, ces maîtres ne viendraient pas à la cheville d'un Tchartkov ! Il s'agit donc d'une représentation extrêmement sarcastique des opportunistes qui conforment leur art au goût dominant. Le fait que Gogol fasse intervenir la figure antéchristique de l'usurier dans le processus qui transforme un artiste doué en barbouilleur montre combien l'art participe à ses yeux du sacré.

DES FORMES D'ART CONDAMNÉES

Le chromo

Ce type de peinture est largement représenté dans la boutique du marchand de tableaux du Marché Chtchoukine. Il y a là des tableaux à l'huile aux couleurs criardes, au dessin malhabile. Des paysages bariolés de rouge et de bleu, côtoient des paysans flamands et des généraux au tricorne de travers. À côté de ces travaux, le chaland peut voir de grossières estampes représentant des sujets populaires. Ces horribles croûtes suscitent l'indignation du jeune Tchartkov : il s'agit selon lui d'une profanation, d'un avilissement de l'art. Aucune vision propre ne s'y exprime. En fait, le jeune Tchartkov contemple sans le savoir ce que deviendra son œuvre à lui :

> Mais on ne voit ici qu'hébétude, impuissance, et cette sénile incapacité qui prétend s'immiscer parmi les arts au lieu de prendre rang parmi les métiers les plus bas.
>
> (« Le Portrait », p. 97.)

Le portrait de l'usurier se trouve précisément sous un tas de vieilles peintures poussiéreuses dont Tchartkov l'extrait pour son malheur. Le fait que le portrait maudit soit placé sous ces toiles repoussantes pourrait suggérer qu'il en est l'origine, qu'il les a provoquées. C'est toute l'histoire qui va suivre qui est présentée ici symboliquement par le procédé de la mise en abyme[1]. Tchartkov en viendra à peindre des œuvres aussi faibles et médiocres que celles du Marché Chtchoukine.

---

1. *Mise en abyme* : procédé qui consiste à représenter dans une œuvre picturale ou littéraire le sujet principal en miniature.

Une représentation servile de la nature

À sa façon, le portrait de l'usurier est une grande œuvre inachevée. Ce sont surtout les yeux qui attirent l'attention. Ils semblent doués de regard, et la foule recule saisie d'une terreur superstitieuse devant cette vie étrange surgie du fond de la toile. Ces yeux que le peintre semble avoir arrachés à un être vivant pour les encastrer dans son tableau nuisent à l'harmonie de l'ensemble et suscitent une pénible impression chez ceux qui les contemplent. Aussi Tchartkov s'interroge-t-il. L'imitation servile de la nature, si talentueuse qu'elle puisse être d'un point de vue technique, n'est-elle pas un crime ? En effet, pour accéder au statut d'œuvre d'art, la nature doit être illuminée par la pensée, l'âme de l'artiste. Ainsi s'explique – pour Gogol – la nécessité de l'ascèse pour qui veut accéder aux sommets de l'art.

Par ailleurs, à reproduire la vie dans toute sa vérité, l'artiste s'engage sans doute sur des chemins illicites. Il touche aux frontières interdites où l'art et la damnation se rejoignent. En effet, dans l'acte de création, l'artiste n'outrepasse-t-il pas les droits impartis à l'être humain ? Ne défie-t-il pas le créateur ? L'art n'est-il pas toujours en quelque sorte lié à la damnation ? Un trop grand réalisme ne dote-t-il pas d'une dimension d'éternité les aspects les plus négatifs de la nature, ce qui relève du diabolique ? Ce dilemme torturait sans doute l'artiste Gogol. Il était en effet doué pour représenter avec une force de suggestion hors du commun les monstruosités et les dissonances alors qu'il aurait souhaité faire sentir l'harmonie divine enfouie dans la création.

Dans « Le Portrait » que V. Gippius[1] a pu qualifier de « manifeste esthétique », Gogol condamne d'une part l'absence de professionnalisme et de goût, d'autre part le professionnalisme sans âme qui ne produit qu'une servile imitation de la nature. Par ailleurs, lorsque l'artiste dérobe au créateur les sources de la vie, il ne peut être qu'inspiré par le démon. Un tel art est une transgression.

---

1. V. Gippius, *Gogol*, Léningrad, 1924.

L'ART SALVATEUR

Dans « Le Portrait », l'art salvateur est représenté par deux fois.

Peinture et ascétisme

La première partie de la nouvelle comprend l'épisode du tableau envoyé d'Italie par un peintre, ancien camarade de Tchartkov. Le prototype de ce personnage est l'artiste Alexandre Ivanov, avec qui Gogol fut très lié à Rome. Son œuvre majeure, *L'Apparition du Christ au peuple,* nécessita de nombreuses années de travail et Ivanov composa à cette occasion de nombreuses esquisses et études préparatoires qui sont souvent des petits chefs-d'œuvre.

L'ancien camarade de Tchartkov a suivi une voie diamétralement opposée à celle de son ami. Il est entré en art comme on entre en religion. Il lui a tout sacrifié, famille, pays, amis, et s'est adonné au travail sans repos, menant une vie ascétique et méprisant l'opinion mondaine. À la différence de Tchartkov, il vénère les grands maîtres qu'il a étudiés inlassablement. Raphaël est son Dieu. Le résultat de cette vie de sacrifices, d'étude et d'ascèse, est un chef-d'œuvre. Plein de pureté et d'harmonie, cet ouvrage révèle l'étude opiniâtre des maîtres ainsi que la puissance créatrice de l'auteur. Tous ceux qui le contemplent sont saisis d'une émotion quasi religieuse car sa beauté semble le reflet terrestre de la divinité. Seul un cœur pur pouvait réaliser pareille œuvre. À cette occasion, Gogol redit que la copie servile de la nature ne saurait en aucun cas être comparée à l'œuvre créatrice :

> On devinait que l'artiste avait tout d'abord enfermé en son âme ce qu'il tirait du monde ambiant, pour le faire ensuite jaillir de cette source intérieure en un seul chant harmonieux et solennel.
>
> (« Le Portrait », p. 134.)

Peinture et croyance religieuse

La seconde partie de la nouvelle relate les cheminements d'un peintre autodidacte profondément religieux et contempteur, lui aussi, des vanités mondaines. Ayant souillé sans le vouloir son pinceau et son âme en faisant le portrait de l'usurier diabolique, il quitte le monde pour un monastère et, devenu ermite avec l'autorisation de son supérieur, il se soumet plusieurs années durant au jeûne et aux mortifications de toutes sortes. Arrivé au terme de son ascèse, il se jugera enfin digne de reprendre un pinceau qu'il avait profané au contact du démon. C'est alors qu'il produit un chef-d'œuvre, la *Nativité de Notre-Seigneur*. Ce tableau respire la sainteté, la paix et la sérénité. Il est comme l'antithèse du tableau peint après la rencontre du funeste vieillard dans lequel les yeux de tous les personnages reproduisaient son expression haineuse et satanique. Là encore, une émotion sacrée s'empare de la communauté tandis que le supérieur s'écrie :

> Non, l'homme ne peut créer une pareille œuvre avec le seul secours de l'art humain ! Une force sainte a guidé ton pinceau, le Ciel a béni tes labeurs.
>
> (« Le Portrait », p. 160.)

Enfin, les pensées sur l'art que ce même peintre livre comme un testament spirituel à son fils, lui même peintre débutant, sont comme la reprise sur un mode plus abstrait, plus général, de ce que suggéraient les récits précédents. Il n'y a pas de sujets bas et de sujets élevés, car l'objet vil se trouve purifié et embelli par l'âme du peintre à condition qu'elle soit belle. L'artiste doit donc posséder tout à la fois le talent et la pureté spirituelle, se rapprocher de la sainteté. Dans cette perspective, la création est une voie d'accès au divin, elle s'apparente à la sainteté.

Occasion de chute comme instrument du salut, l'art est le lieu privilégié où se manifeste la transcendance.

15 Le tragique

Même si l'accumulation de détails ou de situations cocasses le fait parfois résonner sur le mode mineur, le tragique est indéniablement présent dans les *Nouvelles de Pétersbourg*. En effet, c'est un univers désespéré que celui des *Nouvelles*. L'homme y souffre de toutes les façons. La mort y est omniprésente. La folie vient châtier la « démesure » de ceux qui, souvent modestement, ont tenté de se soustraire aux arrêts destructeurs d'une fatalité qui prend parfois le visage de l'administration, des chefs de bureau, voire du démon. Pour finir, l'homme des *Nouvelles de Pétersbourg* apparaît comme le jouet d'un destin tragique et si ce tragique se mêle parfois de grotesque, de comique, d'absurde, il n'en est peut-être que plus inquiétant.

UN UNIVERS DÉSESPÉRÉ

Les tristes héros des *Nouvelles de Pétersbourg* souffrent de toutes les façons. Piskariov (« La Perspective Nevski »), Tchartkov au début du « Portrait », Poprichtchine (« Le Journal d'un fou »), Akaki Akakiévitch (« Le Manteau ») sont pauvres, voire indigents. Cette pauvreté assortie d'une situation sociale peu élevée freine leurs désirs : désirs érotiques, désirs de carrière, de création, aspiration à être reconnu, respecté, à jouir de l'estime d'autrui et de soi-même. Poprichtchine se fait tancer comme un gamin, rabaisser par son chef de bureau. Même les chiens le tournent en dérision dans leur correspondance. Les propositions matrimoniales de Piskariov suscitent l'hilarité d'une prostituée peu désireuse de partager sa misère d'artiste honnête. Akaki Akakiévitch est accoutumé à vivre dans une gêne qui se transforme en indigence dès lors qu'il décide d'économiser la somme nécessaire à l'achat d'un nouveau manteau. Plus, il est le souffre-douleur de ses collègues de bureau, qui ne cessent de le tourmenter, de se moquer de lui, vont même jusqu'à lui verser sur la tête des rognures de papier. À toutes ces vexations, Akaki Akakiévitch, piètre orateur (il s'exprime en général par des sortes de borborygmes) répond par une phrase toute simple : « Laissez-moi ! Que vous ai-je fait ? » (p. 240.)

Ces simples mots détermineront la « conversion » d'un jeune homme récemment entré au ministère et qui avait cru bon, dans un premier temps, de s'associer aux persécutions menées contre Akaki Akakiévitch. Confronté à sa propre cruauté, il est saisi de honte et de pitié. Le lecteur partage jusqu'à un certain point cette pitié qui est l'un des traits distinctifs du tragique. Aussi comprend-on pourquoi de très nombreux commentateurs se sont fondés sur ce passage pour parler de l'humanisme de Gogol, pour voir en lui le défenseur des humiliés et des offensés.

Les misérables héros de Gogol souffrent aussi dans leur chair. Pirogov (« La Perspective Nevski ») se fait rosser par des artisans allemands en colère. Kovaliov (« Le Nez ») perd son nez. Dans « Le Journal d'un fou », Poprichtchine, devenu pensionnaire d'une maison de fous, est battu à coups de bâton, tondu, aspergé d'eau glacée. Akaki Akakiévitch est attaqué et molesté par des voleurs.

Le monde où évoluent ces homoncules pitoyables est sans espoir. Rien ne saurait briser le cercle maléfique de la souffrance physique et morale, de l'échec.

DES MORTS TRAGIQUES

Dans trois des cinq nouvelles, les protagonistes trouvent la mort. Dans le cas de Piskariov (« La Perspective Nevski »), il s'agit d'un suicide. Le rêveur idéaliste n'a pas pu supporter le démenti que la réalité opposait à son idéal. Dans « Le Portrait », la mort terrifiante de Tchartkov atteint tout à la fois de fièvre maligne, de phtisie et de démence, est, elle aussi, une sorte de suicide. Sa folie jalouse et destructrice se retourne contre lui, se métamorphose en démence d'autodestruction. Les yeux maléfiques qui peuplent son agonie sont autant de rappels du passé et d'annonces de la damnation.

Akaki Akakiévitch meurt d'une angine qui se transforme en pneumonie. En fait, il ne peut survivre à la perte de son manteau, objet d'amour longuement désiré et qui lui échappe à peine possédé. Il ne peut pas non plus survivre à l'humiliation publique que lui inflige le « personnage important ». Dans le délire qui précède sa mort, il profère d'horribles blasphèmes.

Les trois personnages ont en commun de ne pouvoir supporter la disparition de ce qui était pour eux l'essentiel : l'idéal de pureté et de beauté pour Piskariov, le talent et le culte du beau pour Tchartkov, l'honneur et l'idéal pour Akaki Akakiévitch. En ce sens, ils sont investis d'une certaine grandeur qui leur confère, en dépit de leurs ridicules et de leur petitesse, une stature de héros tragique. Tous trois plongent avant leur mort dans des états voisins de la folie. Ces morts peuvent être qualifiées de tragiques. Elles ne relèvent pas de l'ordre courant des choses. Leur horreur est propre à frapper les imaginations.

DÉSESPOIR ET FOLIE

Piskariov (« La Perspective Nevski ») cherchait refuge dans le paradis artificiel de l'opium. Tchartkov (« Le Portrait ») et Akaki Akakiévitch (« Le Manteau ») sont assaillis de visions diaboliques sur leur lit de mort. Dans « Le Journal d'un fou » Poprichtchine, lui, perd la raison. Cette folie qui fait du fonctionnaire minable un roi d'Espagne est tout d'abord une négation de la réalité. Elle s'exprime sur le mode de la mégalomanie. Elle vient châtier celui qui, un jour, a eu l'outrecuidance de regarder plus haut que sa condition ne le permettait. Tout se passe comme si les remontrances prématurées (ou prémonitoires ?) du chef de bureau trouvaient leur conséquence dans le délire :

> Il serait temps de rassembler tes esprits. Qu'est-ce que tu t'imagines ? Crois-tu que je ne suis pas au courant de toutes tes gamineries ? Voilà que tu tournes autour de la fille du directeur maintenant ? [...] Regarde-toi un peu dans la glace, tu ne manques pas de prétention !
>
> (« Le Journal d'un fou », p 174.)

Dans la dernière page du texte, Poprichtchine, tout à la fois fou et lucide clame sur le mode lyrique son absolu désespoir, son aspiration à quitter ce monde, à retrouver le sein maternel. En cet instant tragique entre tous, le héros s'arrache à ses petitesses, recouvre la faculté de recréer le cosmos. La mention du ciel, de l'étoile, de la forêt, du brouillard, en témoigne. Ce dernier cri d'un personnage qui acquiert soudain une grandeur tragique est un retour aux sources primordiales qu'avaient taries les faux-semblants de Saint-Pétersbourg, ce non-lieu créé par des pantins habités d'absence.

Seules sont épargnées les natures triviales, ceux qui savent faire contre mauvaise fortune bon cœur comme Kovaliov (« Le Nez ») ou Pirogov (« La Perspective Nevski »). Encore, peut-on se demander si le naturel avec lequel Kovaliov réagit à la « disparition » de son nez n'est pas le signe de quelque dérangement mental. Seul le préoccupe l'aspect social de la perte.

L'HOMME, JOUET D'UN DESTIN DIABOLIQUE

Ce destin emprunte tout d'abord le visage du grade (le *tchin*) qui dresse entre les hommes des barrières tout aussi étanches que la nation ou la race. Une fois fixé à sa place, le fonctionnaire y restera une fois pour toutes. Il doit y conformer ses actes et ses désirs. La hiérarchie est toute puissante, son pouvoir quasi divin. Ne tremble-t-on pas devant son chef ?

Ce destin, cette fatalité implacable qui entraîne inéluctablement l'homme à sa perte peut revêtir la forme plus traditionnelle du démon. Dans « La Perspective Nevski », le démon se plaît à allumer les réverbères pour tout montrer sous un jour faux et mensonger. Le mensonge est en effet un des attributs majeurs du démon dans la tradition chrétienne.

L'usurier diabolique du « Portrait » est désigné comme une incarnation de l'Antéchrist. Son or promet aux hommes une rapide réalisation de leurs désirs mais au prix de leur âme. Il corrompt et détruit tout ce à quoi il touche. Tchartkov perd le talent et la vie. Le peintre de tableaux religieux de la deuxième partie du « Portrait » manque se transformer en un monstre de jalousie pour avoir tenté de reproduire les traits du sinistre vieillard. Châtié par la mort de sa femme et de son fils, il lui faudra des années de prière et d'ascèse pour retrouver la pureté de son âme. Plus largement, tous ceux qui ont un jour accepté l'argent du démon connaissent une fin tragique.

Le destin funeste qui se joue des héros des *Nouvelles de Pétersbourg* prend le masque du démon. Il s'identifie pour Gogol au mal ontologique qui défigure les vies, souille la création.

Dans tous les cas de figure, l'homme des *Nouvelles de Pétersbourg* n'a pas le droit de désirer. Peut-être n'a-t-il pas de droits du tout. Il ne peut être qu'un objet défini une fois pour toutes et soumis à une nécessité implacable. Le seul à tirer vengeance des arrêts du destin est Akaki Akakiévitch. Il s'agit toutefois d'une vengeance posthume qui est peut-être la récompense due à un personnage dont la simplicité d'esprit frôle la sainteté. Cette prédestination, cette impossibilité à échapper à une fatalité meurtrière qui châtie le désir par la folie et la mort rapproche les homoncules gogoliens des héros tragiques.

16 Temps et durée

Dans la nouvelle, récit bref qui tend vers la concentration, aucune indication temporelle n'est gratuite, aucun travail sur la temporalité n'est dépourvu de sens. Ainsi, les cinq *Nouvelles de Pétersbourg* fondent une partie de leurs effets sur un traitement habile du temps de référence (la chronologie) et du temps de la narration. En effet, Gogol voyait dans le temps un allié de l'artiste ; c'est ce que signifie le mot-clé du « Portrait » : « patience » (p. 104).

LA CHRONOLOGIE

Un ancrage dans le temps historique

Les cinq nouvelles se réfèrent à l'actualité du narrateur et de ses lecteurs ou du moins à un passé récent. C'est une façon de rendre crédible le fantastique ou l'absurde[1].

Le début de « La Perspective Nevski », donc de l'ensemble du recueil, situe l'histoire dans le présent : « Rien n'est plus beau que la Perspective Nevski » (p. 43). Et, à la fin de la nouvelle, Gogol rappelle la proximité entre le temps des faits racontés et son propre temps : « l'autre jour » (p. 90).

« Le Nez » s'amorce par une indication chronologique qui contribuera à la banalisation de l'« inconcevable » : « Ce jour-là, 25 mars dernier, Pétersbourg fut le théâtre d'une aventure des plus étranges » (p. 201).

« Le Manteau » n'est pas daté avec tant de précision par rapport à l'auteur. Mais Gogol, dès le début, prend soin de rattacher l'histoire narrée au temps présent : « À l'heure

---

1. Voir les chapitres 9 et 11.

actuelle… », « Quant au grade (car chez nous, c'est toujours par cette indication qu'il faut commencer) … » (p. 237).

Dans les autres nouvelles, l'ancrage temporel s'impose au cours du récit.

L'histoire de Tchartkov, héros de la première partie du « Portrait » commence, certes, au passé. Mais le début de la seconde partie la situe au XIXe siècle (p. 139). La mention de la Révolution française (1789), (p. 146), et les notations sur l'âge du peintre B***, de neuf ans (p. 158) à trente-cinq ans (p. 141), permettent de situer l'histoire de Tchartkov au plus tôt en 1815.

Certes, « Le Journal d'un fou », malgré l'indication « aujourd'hui » (p. 167), pourrait avoir été écrit dans le passé par son héros-narrateur. Mais de multiples allusions à des événements historiques ou littéraires contribuent à rendre l'histoire du fou proche des lecteurs de l'époque. Elle n'en devient que plus inquiétante. Telles sont d'abord les références au journal *L'Abeille du Nord* (fondé en 1825), puis à la révolution en France de 1830 (p. 172). Les troubles qui suivirent la mort de Ferdinand VII d'Espagne – et qui vont accélérer la folie de Poprichtchine – sont datables en 1833. Et l'allusion aux chemins de fer (p. 194) rappelle la construction de la première voie ferrée en Russie, en 1835.

Précision et imprécision chronologiques

• Une abondance de points de repère chronologiques

Gogol use abondamment des temps du calendrier et de l'horloge pour cadrer ses intrigues.

Paradoxalement, c'est l'histoire la plus invraisemblable, celle du « Nez », qui apparaît comme la mieux cadrée du point de vue chronologique. L'événement initial et l'événement final de l'aventure – la perte de son nez par Kovaliov et le retour de l'organe à sa place – sont datés respectivement du 25 mars et du 7 avril. Donc le récit ne couvre même pas deux semaines. Les démarches successives de la première journée vont d'« assez bonne heure » (p. 205) à la nuit tombante (p. 219).

La journée-type de la société pétersbourgeoise sur laquelle s'ouvre « La Perspective Nevski » est scandée par des notations précises de moments de la journée : « au tout petit matin » (p. 44), dès « le crépuscule » (p. 50), voire d'indications horaires : à « deux heures » (p. 46), à « trois heures » (p. 49). Dans cette nouvelle, les « aventures » de Piskariov et de Pirogov débutent un soir (p. 52), et elles sont situées d'abord selon une chronologie objective. Ainsi, la nuit qui suit la rencontre entre Piskariov et la jeune « inconnue » est mesurée selon le temps d'une horloge, puis selon le moment du jour : « Minuit était depuis longtemps passé, l'horloge d'un clocher sonnait la demie d'une heure » (p. 61), puis « l'aube importune » (p. 67).

L'aventure d'Akaki, héros du « Manteau », suit une chronologie aisément repérable. Gogol insère « une année » d'économies (p. 253) entre des journées décisives : telles sont les journées de visite chez le tailleur et la journée d'inauguration du manteau neuf jusqu'à l'heure fatidique de « minuit » (p. 260). Ce sera l'heure du vol du manteau.

Les durées de référence de chaque partie du « Portrait » sont nettement plus longues que celles des précédentes aventures. Elles correspondent à plusieurs années. Dans la première partie du « Portrait », Gogol mesure d'abord les événements décisifs qui bouleversent la vie de Tchartkov selon le passage du « clair de lune » au « jour blafard » (p. 110), puis selon la succession des journées, marquée par des notations de temps relatif : « le matin venu » (p. 118), « le lendemain » (p. 119). Cette chronologie situe les événements qui vont de l'achat du tableau par Tchartkov à sa reconnaissance rapide comme peintre à la mode. La suite narre la vie du peintre en fonction d'années, jusqu'à un « âge respectable » (p. 131). Cet âge n'est pas précisé, mais trop tardif pour que le peintre puisse réparer la perte de son talent : il n'a pas su faire du temps un allié.

Dans « Le Journal d'un fou », les indications de dates, voire de jours de la semaine auxquels elles correspondent relèvent bien du journal en bonne et due forme. Les dates précisent à la fois le temps de l'écriture par le héros-narrateur et le temps de l'aventure : elles correspondent à la journée qui vient de s'écouler. Les dates, du 3 octobre (p. 167) au 8 décembre (p. 188), détachent neuf journées précises sur deux mois. Les précisions horaires ne manquent pas, telles, pour la seule journée, brièvement évoquée, du 9 novembre : « huit heures », « quatre heures »,

« après le dîner » (c'est-à-dire le déjeuner), « presque tout l'après-midi » : ces précisions dessinent la journée-type d'un petit fonctionnaire.

Mais, dans « Le Journal d'un fou », plus encore que dans d'autres nouvelles, l'imprécision vient troubler, voire détraquer, cette chronologie en apparence si nette.

• De l'imprécision au dérèglement de la chronologie

C'est dans les nouvelles les mieux balisées chronologiquement que Gogol joue le plus sur la précision et l'imprécision.

Ainsi, l'aventure d'Akaki, héros du « Manteau », avec sa chronologie nette et linéaire, s'inscrit dans un temps « indéterminé ». En effet, le récit s'amorce comme un conte : « Donc, il y avait *dans un certain ministère un employé* » (p. 237). Ce début est prolongé par l'indication d'un oubli général sur la date d'entrée d'Akaki au ministère : « Personne ne se rappelait à quelle époque Akaki Akakiévitch était entré au ministère » (p. 239). C'est que ce temps indéterminé correspond à un fonctionnaire indéterminé, l'employé ordinaire.

Dans la suite de cette nouvelle, le jeu sur la précision et l'imprécision va dans ce sens. Ainsi Gogol oppose sa propre conception du jour où Akaki reçoit son manteau neuf (« Je ne saurais, ma foi, préciser le jour ») à la perception qu'en a le héros lui-même (« solennel ») (p. 255). À chaque vie ses « grands événements » !

Dans « Le Nez », pourtant si riche de dates précises, des imprécisions délibérées du narrateur viennent rappeler le caractère « inconcevable » de l'aventure. Ainsi Gogol narrateur renonce à raconter ce qui est arrivé au barbier, arrêté par la police, puis les suites des rumeurs pétersbourgeoises sur l'aventure de Kovaliov. Ce renoncement est exprimé par la même formule répétée deux fois : « L'aventure se perd dans un brouillard si épais que personne n'a jamais pu le percer » (p. 205 et 229).

Mais la nouvelle où Gogol joue le plus sur l'alliance de la précision et de l'imprécision est « Le Journal d'un fou ». Cette alliance illustre le titre lui-même. Si le mot « journal » renvoie à un temps bien tracé, le mot « fou » laisse planer un doute sur la perception de ce temps.

Paradoxalement, ce sont des événements historiques, les « affaires d'Espagne » qui vont déclencher le dérèglement prévisible. Le début de l'aliénation de Poprichtchine marque le début d'une perte de ses points de repère chronologiques. Par la date de l'« An 2000, 43e jour d'avril » (p. 189), Poprichtchine se projette dans un avenir inaccessible et bouleverse le calendrier. Par la suite, deux entrées du journal correspondent, non à un désir d'abolition du temps, mais à une perturbation de la mémoire et à la perte des repères : « Pas de date. Ce jour-là était sans date » (p. 192), puis « J'ai oublié la date » (p. 193). La confusion des lieux (« Madrid, 30 février », p. 198), puis une série de transcriptions fantaisistes (avec lettres à l'envers par exemple, p. 194) confirment la folie de Poprichtchine.

TEMPS DE LA NARRATION ET TEMPS DE L'AVENTURE

Dans le cadre bref de la nouvelle, Gogol met en valeur les événements essentiels par des jeux sur les relations entre la durée des aventures et celle de leur narration. Il produit aussi du suspense par des procédés de retardement du rythme narratif.

Temps de l'habitude et temps de l'événement unique

Contrairement à ce que pourrait croire un lecteur pressé, les *Nouvelles* n'évoluent pas à un rythme rapide du début à la fin. Gogol module le rythme de la narration en opposant temps de l'habitude et temps de l'événement unique.

• « La Perspective Nevski »

L'ouverture de « La Perspective Nevski » ne couvre qu'un sixième de la nouvelle. Cela suffit à Gogol pour narrer une journée-type de la société pétersbourgeoise (temps de l'habitude). La scansion des moments de la journée et des heures produit cet effet de tourbillon qui rend ce que le narrateur lui-même appelle une « rapide fantasmagorie » (p. 44). Le « Halte ! » (p. 51) du lieutenant Pirogov correspond à un arrêt délibéré de l'auteur lui-même. Il peut détacher de la foule ses deux personnages et leurs « aventures ».

Dans l'aventure même d'un personnage, tous les moments ne sont pas d'une intensité égale. Aussi Gogol traite-t-il plus longuement la première nuit de l'histoire de Piskariov que les jours qui suivirent. Il suit la progression du jeune peintre dans la rue, en quête de la jeune fille rencontrée, puis dans l'escalier, puis dans la pièce où elle vit. Il s'attarde également sur la nuit qui succède à cette visite par la longue narration d'un rêve, depuis le coup frappé à la porte, à « minuit » (p. 61) jusqu'au réveil, à l'aube (p. 67). La jeune fille y est à nouveau l'objet d'une quête sans cesse interrompue et désespérée[1].

À cette nuit, dont la narration, relativement longue, traduit la plénitude pour Piskariov, Gogol oppose une série de journées vides. Ainsi, il résume en un seul paragraphe les jours qui suivent et se ressemblent : « Les songes finirent par être toute sa vie [...] : on peut dire qu'il dormait éveillé et qu'il veillait en rêve » (p. 68). Gogol évoque alors en une fois ce qui s'est passé plusieurs fois, et même quotidiennement, dans la vie de Piskariov : « assis les yeux fixes » ou « errant dans la rue » (p. 68). Un événement apparent, l'achat d'opium, ne fait qu'accroître cette déchéance dans l'habitude, dans un temps vide : « Il ne réfléchissait à rien » (p. 71).

• « Le Portrait »

Dans « Le Portrait », la première partie illustre le même type d'opposition. La vie de peintre à la mode que mènera Tchartkov entre vingt-deux ans et un « âge respectable » (le temps de l'habitude) n'est pas narrée plus longuement que les événements qui bouleversent la vie du jeune peintre. Gogol dilate une nuit; il condense quelques journées, puis des années entières.

Ainsi, Gogol s'attarde sur la première nuit de Tchartkov en compagnie du tableau qu'il vient d'acheter : sur ses effrois (p. 104-106), puis sur une succession de rêves et de réveils (p. 108-110). L'effet est lancinant. Par ces rebondissements, Gogol joue sur les nerfs du lecteur, le faisant ainsi participer à l'angoisse de Tchartkov.

Après l'évocation de quelques journées intermédiaires de plaisirs pour Tchartkov et de premiers succès, Gogol narrateur peut affirmer : « Tchartkov devint alors, sous tous

---

1. Voir le chapitre 12.

les rapports, un peintre à la mode » (p. 129). L'adverbe « alors » permet au narrateur de se borner à quelques pages pour rendre des années d'une vie d'habitudes. Gogol raconte cette longue période sur le mode de l'habitude : « Il dînait à droite et à gauche » (p. 129) ; « L'écho de ces louanges flattait Tchartkov » (p. 130). Gogol enregistre en même temps les effets dégénératifs de cette vie : « son existence dissipée, le rôle d'homme du monde qu'il s'efforçait de jouer, tout cela l'emportait loin du travail et de la réflexion » (p. 130). C'est sur ce fond que se détacheront les dernières journées de Tchartkov.

• « Le Nez »

Dans « Le Nez », Gogol narrateur peut donner l'impression de rendre la durée réelle des événements, en alternant les mouvements précipités de Kovaliov, « très pressé » (p. 215) de retrouver son nez et les séquences où il tente de le récupérer. Certaines séquences deviennent de véritables scènes, calquant la durée d'une démarche réelle. Telle est notamment la scène de la visite au bureau des annonces : elle s'étire en une attente derrière d'autres plaignants puis en un dialogue avec l'employé, ponctué par les mouvements d'impatience du major. Une fois le nez retourné à sa place, Kovaliov reprend ses habitudes. Gogol peut résumer celles-ci en quelques lignes : la promenade, le théâtre, la poursuite de jolie femmes (p. 232).

• « Le Journal d'un fou » et « Le Manteau »

Il fallait donc bien une « aventure inconcevable » pour bousculer, même passagèrement, l'existence routinière de Kovaliov. Chez Poprichtchine et Akaki, plus petits fonctionnaires, le bouleversement sera plus tragique. Gogol met le traitement du rythme de la narration au service de cet effet.

Dans son journal, Poprichtchine détache de sa vie « une aventure étrange » (p. 167) : sa rencontre avec deux chiennes dont l'une appartient à la fille de son directeur. Cet événement crée une rupture dans la monotonie de sa vie de fonctionnaire, que Poprichtchine évoque sur le mode répétitif. D'un jour à l'autre, il note la même occupation : rester couché sur son lit (p. 173, 176 et 189). Sa lecture de la correspondance des chiens, qui vient ensuite meubler ce vide, est notée en pas moins de sept pages.

Dans « Le Manteau », Gogol oppose nettement les journées décisives de l'aventure à celles de l'habitude, narrées sur le mode condensé. Ce sont celles de sa vie de copiste, devenu automate (p. 241-244). C'est une année d'économies et de visites mensuelles au tailleur Pétrovitch, contée en quelques lignes (p. 253-254).

Temps de la narration et suspense

Seul « Le Manteau » débute par un portrait, suivi d'une généalogie. Dans les autres nouvelles, le narrateur commence à présenter ses personnages en action avant de peindre leur portrait. Alors, le portrait du personnage, non seulement nous informe sur celui-ci, mais provoque un effet dilatoire (de retardement) et donc du suspense.

Ainsi, après l'ouverture de « La Perspective Nevski », Gogol interrompt Piskariov en pleine « course » derrière son « inconnue » pour consacrer deux pages à sa vie d'artiste pauvre et à son caractère. De même, Gogol attend la séquence du retour de Tchartkov chez lui, après l'achat du tableau, pour informer le lecteur sur la situation du jeune peintre. Au début de la deuxième partie du « Nez », il « paraît nécessaire de dire quelques mots de Kovaliov » (p. 206). Par là, Gogol ralentit le rythme d'un récit commencé en pleine action et crée du suspense.

Dans « Le Journal d'un fou », à la première personne, point n'est besoin d'arrêt sur un portrait : il se déroule devant nos yeux et le portrait physique de Poprichtchine n'apparaît qu'incidemment, à travers la correspondance des chiennes. Mais, dans cette nouvelle comme dans « Le Manteau », Gogol recourt à un procédé de ralentissement du tempo, et donc de suspense, original. Il décrit en les grossissant certains détails ou certains objets à des moments décisifs du récit : l'orteil de Pétrovitch, dans « Le Manteau », les repas des chiennes dans « Le Journal d'un fou ». Du même coup il montre dans quel univers en réduction vivent les protagonistes[1].

---

1. Voir le chapitre 6.

17 Les techniques narratives

Les *Nouvelles de Pétersbourg* produisent tout à la fois une impression d'unité et de diversité. Cela tient en partie à l'utilisation subtilement récurrente du procédé de l'intrigue double. Il est parfois évident (« La Perspective Nevski », « Le Portrait »), parfois enfoui dans le texte (« Le Manteau », « Le Nez »).

Nous verrons que cette technique suppose tout naturellement un système de personnages entretenant des relations antithétiques ou parallèles. Nous étudierons ensuite les techniques narratives proprement dites : figures du narrateur, façons de mener la narration. Pour finir, on relèvera un certain nombre de dérives narratives qui arrachent le texte à l'univers des certitudes, déstabilisent la représentation et annoncent les expérimentations de la fiction romanesque du XXe siècle.

LA TECHNIQUE DE L'INTRIGUE DOUBLE

Intrigues parallèles et opposées

Les intrigues parallèles et opposées sont les plus évidentes. « La Perspective Nevski » en donne un bon exemple. Après la présentation générale de la Perspective (première partie du texte), deux individus aux noms étrangement proches, Pirogov et Piskariov, se détachent de la foule (p. 51). Nous trouvons dans les deux noms la même lettre à l'initiale, le même nombre de syllabes, la même accentuation sur la dernière syllabe. Il s'agit en outre de deux noms à la signification comique puisque l'un évoque le goujon et l'autre le gâteau. Les chemins des deux compagnons divergent et chacun d'eux se lance dans une aventure à la suite d'une femme entrevue. L'épisode Pirogov est comme la transcription grotesque de l'épisode Piskariov. Les deux histoires forment un parallélisme négatif : ici le drame, là la farce ; ici le rêveur romantique, là le conformiste dont la vie évolue dans une certaine trivialité ; ici la fuite dans l'opium puis le suicide, là la consolation du gâteau feuilleté. Dans l'un et l'autre cas, nous trouvons une parodie du romantisme. En effet, les rêveries romantiques de Piskariov achoppent à une réalité vulgaire puis s'avèrent mortifères, tandis que Pirogov se fait rosser par des artisans allemands éméchés répondant aux noms des grands écrivains romantiques Schiller et Hoffmann. L'aventure de Piskariov comporte en outre des scènes de rêves (p. 61, 68, 70 et 71) qui ont fonction itérative : elles redisent le sujet dans des contextes un peu différents et élargissent de la sorte l'espace de la nouvelle.

Prises ensemble, les deux intrigues peuvent être considérées comme une redondance destinée à suggérer l'infinité potentielle des représentations et des intrigues que pourrait générer la multitude qui parcourt inlassablement la Perspective. L'intrigue double indique que le texte est potentiellement prolongeable.

La technique de l'intrigue double est encore plus évidente dans « Le Portrait », puisque cette nouvelle est constituée de deux parties clairement séparées reliées par un point commun : l'intrusion de l'usurier damné dans la vie des protagonistes. Les deux intrigues sont comme le reflet inversé l'une de l'autre. En effet, l'histoire de Tchartkov est celle d'une damnation et celle du peintre dont le fils relate la vie, celle d'un salut. Il n'en reste pas moins que ces intrigues sont potentiellement interchangeables. Comme dans « La Perspective Nevski », une série de récits itératifs relate les horribles malheurs survenus à ceux qui ont conclu un accord avec l'usurier. Inversement, le destin du peintre revenu d'Italie pour présenter son chef-d'œuvre aurait pu être celui de Tchartkov. Ici encore, à l'intérieur des intrigues doubles, une série de brèves intrigues itératives suggère le potentiel élargissement du sujet, l'universalité de son message : tout compromis avec le mal mène au châtiment et à la mort.

Intrigues doubles enfouies dans le texte

« Le Nez » comporte un double incipit. C'est d'une part le réveil du barbier et sa macabre découverte, d'autre part celui de Kovaliov fixant une absence de nez dans le miroir. Par la suite, le barbier disparaît de l'espace de la nouvelle pour céder la place à Kovaliov et à ses recherches délirantes. Les deux personnages ne se retrouveront qu'à la fin du texte, lorsque le barbier viendra raser Kovaliov. Toutefois, l'auteur laisse subsister un certain nombre de blancs que l'imagination du lecteur pourra éventuellement remplir : quand le barbier a-t-il été incarcéré et pourquoi, comment est-il sorti de prison ? Cette façon de solliciter la participation du lecteur, d'en faire un coauteur, est extrêmement moderne. Il en va de même avec le procédé qui consiste à introduire à dessein de l'incertitude. La perte et la trouvaille du nez déstabilisent dans tous les cas ceux qui en font l'expérience. On peut donc parler d'intrigue double.

Dans « Le Manteau », le misérable fonctionnaire à qui on a dérobé sa raison de vivre en même temps que son habit se transforme *postmortem* en un redoutable voleur de manteaux. Lui autrefois si effacé, si craintif, n'hésite pas à tancer de belle manière le soi-disant grand personnage qui l'a jadis brutalement éconduit. Ce dernier regagne ses pénates dans un état proche de celui où ses remontrances injustifiées avaient jadis précipité sa victime. Dès lors, il fera preuve d'humanité envers les solliciteurs. Ici, c'est un retournement qui introduit la double intrigue.

Nous observons un peu la même chose dans « Le Journal d'un fou ». De personnage humilié, Poprichtchine se transforme en roi. Le délire mégalomane se substitue au récit des intrigues de bureau. La nouvelle contient ainsi deux mouvements dont le premier pourrait s'intituler « Poprichtchine, fonctionnaire sain d'esprit et humilié » et le second « Poprichtchine, fonctionnaire devenu fou qui se prend pour le roi d'Espagne ».

Dans ces trois cas, la double intrigue est présente dans la nouvelle mais elle y occupe une place plus modeste ; elle n'en conditionne pas la structure, elle est moins apparente.

LE SYSTÈME DES PERSONNAGES

Des personnages antithétiques

Les intrigues doubles dont il vient d'être question se présentent souvent comme l'inverse l'une de l'autre. Elles supposent donc des personnages antithétiques. Piskariov, l'artiste romantique porté à prendre la vie au tragique, est l'antithèse de Pirogov, le réaliste prompt à se consoler d'une raclée humiliante avec un bon gâteau. Les femmes qui les séduisent forment elles aussi un contraste. La beauté idéale entrevue par Piskariov se transforme en vulgaire fille de joie tandis que l'aventurière supposée que poursuit Pirogov se révèle une honnête femme d'intérieur germanique. Tchartkov, le peintre mondain épris d'argent et de succès faciles du « Portrait » est opposé aux artistes pour qui l'art est une perpétuelle ascèse, un « exploit » moral et religieux. Ces artistes fuient le monde, réduisent leurs besoins, travaillent sans relâche à leur perfectionnement moral, gage de la valeur spirituelle et partant esthétique de leur œuvre. À l'inverse, le lecteur a pu observer la déchéance morale de Tchartkov : à la cupidité et à la vanité succèdent la haine, l'esprit de destruction.

Dans « Le Manteau », Akaki Akakiévitch, le doux, l'humble, le sans-défense est l'antithèse du « personnage important » si désireux d'étaler les signes de sa puissance. Plus largement on peut l'opposer à l'ensemble de ses collègues qui le harcèlent de leurs sarcasmes et de leurs vexations. Dans « Le Nez », le nez de Kovaliov devenu conseiller d'État s'oppose à son propriétaire légitime, allant même jusqu'à prétendre qu'étant donné qu'ils appartiennent à des administrations différentes il ne saurait exister d'étroites relations entre eux !

Personnages parallèles

À l'inverse, il existe un rapport de proximité – souvent parodique – entre un certain nombre de personnages. Dans « Le Journal d'un fou », la correspondance des chiens est un équivalent du journal de Poprichtchine. Ce dernier s'étonne de la futilité des sujets abordés par les animaux alors qu'il note dans son journal, remarque futile s'il en est, qu'il est resté couché sur son lit. Poprichtchine est sur le même plan que des chiens, donc rabaissé.

Dans « Le Portrait », ceux qui ont accepté l'argent de l'usurier se prennent à participer de son essence, deviennent jaloux, violents et haineux. Des catastrophes mortelles surgissent sur leur chemin. Tchartkov emploie son argent à détruire, comme l'usurier utilisait le sien pour dévoyer les âmes. L'artiste dont le fils mène la narration dans la deuxième partie du « Portrait » reproduit involontairement sur tous ses tableaux les yeux du vieillard maudit et ceux-ci leur donnent une dimension blasphématoire. Seule une longue ascèse monacale délivrera le peintre et rendra la pureté à son pinceau.

En choisissant de devenir un voleur après sa mort, Akaki Akakiévitch révèle l'attrait secret qu'exerce sur lui la force, la violence, le pouvoir. Le fantôme voleur et le petit fonctionnaire apeuré se trouvent tout à la fois dans un rapport antithétique et de proximité, puisqu'il s'agit d'une seule et même personne. Le jeu subtil qui s'instaure entre figures antithétiques et figures proches suggère la richesse potentielle que recèle le réel. C'est pour l'auteur une façon de dire une fois encore que les choses ne sont pas ce qu'elles semblent, qu'elles peuvent même se transmuer brusquement en leur contraire, que l'être humain est pétri de contradictions, que ses rêves et ses aspirations sont parfois en opposition totale avec ce qu'il semble incarner.

LES NARRATEURS

Le conteur gogolien

Ce conteur bateleur joue des registres les plus divers, anime ses propos par l'intonation et le rythme. Il pratique en virtuose la pirouette verbale, passe du coq à l'âne et du rire aux larmes. Parfois même, il interpelle le lecteur qui le retrouve dans « La Perspective Nevski », « Le Nez », « Le Manteau » et la première partie du « Portrait »[1]. Il passe

1. Dans la seconde partie du « Portrait », la narration est pour l'essentiel menée par le fils de l'artiste défunt.

volontiers du lyrisme à l'ironie, de l'émotion communicative à la provocation. Son style se caractérise fréquemment par des traits de langage oral, une évidente propension au bavardage « à propos de rien ».

Cette instance narrative qui habite les *Nouvelles de Pétersbourg* est donc extrêmement reconnaissable. Elle fonctionne sur le mode que Gérard Genette a défini comme récit classique non-focalisé ou à focalisation zéro[1] : les événements sont pris en charge de l'extérieur par une instance en principe omnisciente. Cette forme de narration est traditionnelle. Ce sont les traits propres au conteur gogolien qui lui confèrent une originalité. Ils définissent en effet un style reconnaissable.

Une narration à la première personne : « Le Journal d'un fou »

Seul le titre de la nouvelle indique la présence d'une instance narrative autre que le « je » puisqu'elle mentionne la folie, ce que Poprichtchine ne risque bien sûr pas de faire. Le lecteur doit toutefois garder présent à l'esprit que le « je » qui s'exprime dans une fiction ne coïncide pas absolument avec le pronom de première personne tel qu'il est employé couramment. Comme l'écrit R. Barthes dans ses essais critiques « lorsque l'écrivain dit " je " (cela arrive souvent), c'est une marque subtilement codée : ce " je " là n'est rien d'autre qu'un il au deuxième degré, un il retourné ».

L'emploi du je éloigne en principe tout autre énonciateur, si bien que les points de vue différents de celui du « fou » ne sont présentés que dans la conscience qu'il en a et ressentis comme autant d'anomalies. Le normal devient anormal, toutes les règles s'inversent.

La forme du journal, déterminée par la narration en première personne, renvoie au sentimentalisme. Elle offre, en outre et surtout, la possibilité de réaliser une narration éclatée, fragmentée dans les limites des cadres littéraires acceptables à l'époque où écrit Gogol. L'arbitraire d'une conscience qui n'a pour repère qu'elle-même corrode le temps, produisant d'étranges néologismes (« martobre »)

---

1. Voir G. Genette, *Figures III*, éd. du Seuil, Paris, 1972, p. 206.

et des modifications où se marque la mégalomanie (les mois comportent quarante, voire quatre-vingt-six jours, le scripteur est en l'an 2000 alors que ses contemporains vivent en 1833). La dernière note supprime le mot et l'écriture (bribes de lettres slavonnes, mots retournés). Comme les textes qui suivent ces dates sont écrites en langage ordinaire[1], on comprend que l'auteur de la fiction (il s'agit d'une fiction et non d'un document) utilise les dates pour coder une folie qu'il transcrit en langage intelligible. À l'époque où il écrivait, Gogol ne pouvait disloquer complètement les éléments constitutifs de l'écriture comme le fait par exemple au XXe siècle un Antonin Artaud. Le « Journal d'un fou » permet de constituer le texte en fragments qui sont comme l'équivalent verbal d'une conscience éclatée et chaotique. Le délire de Poprichtchine nous indique néanmoins que le signifié devient totalement arbitraire. L'Espagne est la Chine et peut tout aussi bien se trouver sous la queue des coqs. Ainsi se trouvent annihilées les connexions que l'habitude proclame logiques dans la vie comme dans le langage.

L'inclusion d'une correspondance (genre intercalaire) fait éclater dans une certaine mesure la narration à la première personne. Un deuxième texte vient se greffer sur le premier. C'est le procédé d'hybridation très courant dans le roman. La parole d'autrui, le regard d'autrui surgissent objectivés face au soliloque de Poprichtchine tel un miroir qui confirme sa nullité. Poprichtchine supprime ce miroir en détruisant les lettres comme Tchartkov détruisait les tableaux de talent qui mettaient en évidence sa déchéance. Ceci fait, il se réfugie dans la subjectivité pure, dans un délire peuplé de figures de l'absence[2].

LES DÉRIVES NARRATIVES

Ces dérives narratives font disparaître les liaisons logiques, le signifiant devient arbitraire. Dans « Le Nez », on trouve des phrases interrompues, un faux incipit (p. 205), un

---

1. Outre les néologismes, les dates comportent des formations verbales dépourvues de sens. Des mots sont écrits à l'envers.
2. Voir préface de G. Nivat, p. 23.

faux épilogue (p. 229). La narration se perd, balbutie puis s'accélère pour se figer en des digressions étranges. Gogol se fait illusionniste. Ce style est fortement inspiré de Sterne[1] et de ses artifices de narration. Le texte est tout entier dominé par l'incertitude puisque la synecdoque réalisée[2] qui génère la nouvelle met en place une oscillation du sens et que nous ne saurons jamais ce qu'est en fait ce fameux nez. Lorsque Kovaliov accuse en style administratif son amie Podtochine de pratiquer la sorcellerie pour lui faire épouser sa fille et qu'elle lui répond sur le même registre que son vœu le plus cher est de l'avoir pour gendre, la loufoquerie, l'absurdité sont à leur comble. Le texte est dominé par un ressassement bavard où reviennent comme autant de refrains les termes qui désignent les grades, seuls repères d'un univers privé de ses assises. La dénégation portée sur le sujet est constante, car l'auteur souligne maintes fois son incongruité, l'inanité des démarches des uns et des autres. Pour finir, le narrateur reprend ce procédé dans l'épilogue en parodiant les critiques littéraires : toute cette histoire est inconcevable, n'offre aucune utilité pour la patrie. Ce point de vue s'exprime dans une sorte de bégaiement (points de suspension, répétitions). Au sujet, le narrateur substitue le commentaire du sujet. Cette démarche dite « métafictionnelle » est très répandue au XXe siècle. Akaki Akakiévitch s'exprime également par borborygmes, adverbes, prépositions et particules dépourvues de sens. En certaines occasions, il ne termine pas ses phrases.

Ces dérives narratives sont une façon de rendre la dimension irrationnelle toujours tapie au cœur de l'homme et du monde.

---

1. Laurence Sterne, écrivain britannique (1713-1768), auteur de *La Vie et les Opinions de Tristram Shandy* (1759-1767) et du *Voyage sentimental* (1768).

2. Le recours à la partie pour le tout prend la forme concrète du nez coupé, tantôt organe inanimé, tantôt personnage à part entière.

18 Le diable et le mal

Le diable n'est pas uniquement un personnage fantastique pour Gogol. Comme en témoignent les lettres de celui-ci et d'autres témoignages sur sa vie[1], Gogol, chrétien orthodoxe, croyait en l'existence de Satan comme en celle de Dieu et en leur action dans le monde. Cette foi en Satan et l'angoisse qui en résulte chez Gogol ont amené certains critiques à interpréter les *Nouvelles de Pétersbourg* comme les illustrations d'un combat contre le diable. En effet, la présence et les représentations du diable, ses modes d'action, dans les *Nouvelles de Pétersbourg*, peuvent être interprétés comme les expressions d'une vision du mal et du monde chez l'auteur.

PRÉSENCE ET REPRÉSENTATIONS DU DIABLE

Seul « Le Portrait » se caractérise par une omniprésence du diable dans son récit. Dans les autres nouvelles, le diable est nommé de loin en loin. Peut-être sa présence n'en est-elle pas moins effective.

Une incarnation du diable : l'usurier du « Portrait »

La seconde partie de cette nouvelle explique clairement le récit fantastique de la première partie. Elle apprend au lecteur la malédiction qui s'est attachée au portrait et dont le peintre Tchartkov a été la victime. À cet égard, la parole du portraitiste, avant même qu'il ne représente le vieil usurier, n'est pas une simple métaphore. Il s'écrie : « C'est

1. Comme les *Passages choisis d'une correspondance avec mes amis* (1846).

le diable, le diable incarné ! » (p. 150.) La suite du récit montre que cette impression correspond bien à une croyance chez le peintre, animé par « la foi ardente et naïve de ses ancêtres » (p. 152). Cette foi est confirmée à la fin du récit, dans le discours du peintre à son fils : « Il semblait vraiment une incarnation du diable. Je le sais, le monde nie l'existence du démon. Je me tairai donc sur son compte » (p. 161-162).

L'artiste est fasciné par l'aspect ténébreux de l'usurier, attribut traditionnel du diable : « Quelle force diabolique ! se répétait mon père. Si j'arrive à la rendre, ne fût-ce qu'à moitié, tous mes saints, tous mes anges pâliront devant ce visage » (p. 153).

Dans la première partie du « Portrait », la première vision du vieillard représenté par le tableau rappelle au lecteur deux caractéristiques courantes dans les représentations de Satan, l'« agitation convulsive » des traits et l'« étrange vivacité » des yeux (p. 99). Ces deux traits reviendront de façon obsédante par la suite. Au moment où Tchartkov rêve de gloire et d'argent, il sent, comme sortant du tableau, « un visage convulsé », « deux yeux prêts à le dévorer » (p. 104).

Dans la seconde partie, une première description de l'usurier vivant exprime l'aspect insolite et effrayant du personnage : « Sa taille quasi gigantesque, son visage hâve, noiraud, calciné, d'une couleur hideuse, indescriptible, ses grands yeux, animés d'un feu extraordinaire, ses sourcils touffus » (p. 145). Le gigantisme, la noirceur du visage, les poils, les yeux enflammés rappellent les représentations médiévales du diable.

Une deuxième description rapproche plus explicitement l'usurier du diable. Elle est préparée par des images de feu (« l'argent qu'il prêtait avait un pouvoir incendiaire », p. 150) et par l'idée de damnation (« on trouvait même des vieilles mortes de faim, qui s'étaient laissées périr plutôt que de risquer la damnation », p. 150). Cette description part d'une impression globale : « Son aspect hétéroclite aurait suffi à lui faire attribuer par chacun une existence surnaturelle » (p. 150). Elle est nettement liée à l'enfer par les images du « teint de bronze en fusion » puis du bouillonnement des passions (p. 150).

Le diable, force sans visage

Dans les quatre autres nouvelles, le diable n'est pas représenté mais il lui arrive d'être nommé. C'est le cas dans « La Perspective Nevski ». Le peintre Piskariov n'a aucune vision du diable comme personnage. Mais, de même qu'il invoque Dieu lorsqu'il s'exclame devant la beauté d'une jeune inconnue : « Dieu ! quels traits divins ! » (p. 55), de même il attribue au diable la déchéance de la jeune femme. Au retour de chez elle (une maison de prostitution), Piskariov oppose à Dieu son rival : « mais hélas ! quelque affreux décret d'un esprit infernal, acharné à détruire l'harmonie de la vie, l'avait en ricanant jetée au fond de son gouffre » (p. 60-61). Ici apparaît un trait traditionnel de l'image du diable : le ricanement.

Sans non plus attribuer à Satan de visage ni de forme, le major Kovaliov, héros du « Nez », incrimine à deux reprises le diable de l'avoir privé de son nez. « C'est le diable, sans doute, qui m'a joué ce beau tour ! » (p. 215), dit-il à l'employé du bureau des annonces. Plus loin, après que ses soupçons envers Mme Podotchine ont été dissipés, il s'exclame : « Mais alors, comment cela est-il arrivé ? Le diable seul pourrait débrouiller l'affaire ! » (p. 228.)

Ici, le diable est réduit à un farceur, comme, cette fois précisément, dans les farces médiévales.

MODES D'ACTION DU DIABLE

Gogol reprend des constantes du mythe de Satan. Il l'enrichit en même temps de variantes qui suggèrent une stratégie de plus en plus insidieuse de la part du diable et donc du mal.

Le diable tentateur

Le mode d'action le plus anciennement attesté du diable, selon la tradition biblique, est la tentation. Il a tenté Ève, il a tenté le Christ lui-même[1]. Ce mode d'action se

---

1. Évangile selon Matthieu, chapitre IV.

manifeste dans « La Perspective Nevski », « Le Portrait » et « Le Manteau ».

• « La Perspective Nevski »

Dans cette nouvelle, le peintre Piskariov, artiste et rêveur, apparaît comme doublement tenté. Il l'est par la beauté inhabituelle d'une femme : « J'ai vu, merveilleuse, absolument la Bianca du Pérugin » (p. 52). Il l'est aussi par les apparences d'un certain rang et d'une certaine richesse, par des accessoires : « Ce doit être une dame de très haut rang, [...] rien que le manteau qu'elle porte vaut au moins quatre-vingts roubles » (p. 52) L'expression « manteau chatoyant » (p. 52) peut laisser deviner que toute l'apparence de la jeune femme est un leurre.

Peu après, le narrateur note finement quelques éclairs de lucidité chez Piskariov. Ainsi, dans la rue, celui-ci croit qu'elle lui sourit, puis il constate : « Non, c'était un réverbère dont la lumière trompeuse avait jeté sur les traits de la jeune femme l'apparence d'un sourire » (p. 56). Cette notation prendra toute sa valeur à la fin de la nouvelle dans les injonctions de l'auteur aux lecteurs pétersbourgeois : « Fuyez, pour Dieu, fuyez au loin le réverbère ! » (p. 91). Le réverbère devient le lien entre la femme et le démon dont est rappelé un autre rôle, celui de père du mensonge.

• « Le Portrait »

Dans « Le Portrait », ce n'est pas la femme qui devient l'objet de la tentation, ce sont la gloire rapide et l'argent. Ces biens terrestres étaient les enjeux courants des pactes avec le diable qu'évoquaient le folklore et la littérature depuis le Moyen Âge. Le diable, incarné en un usurier, a tenté Tchartkov par l'or qui est sorti du tableau où cet usurier était représenté : « Le rouleau, semblable en tous points à ceux qu'il avait vus en rêve, contenait exactement mille ducats, flambant neufs et brûlants comme du feu » (p. 115).

L'or est lié clairement aux flammes infernales.

• « Le Manteau »

Dans « Le Manteau », la tentation diabolique est moins explicite. Toutefois, si le lecteur rapproche le portrait du tailleur Pétrovitch de ceux de l'usurier (dans « Le Portrait ») et du Persan vendeur d'opium (dans « La Perspective Nevski »), il peut percevoir en ce tailleur un agent du diable tentateur. Pétrovitch, qui apparaît à Akaki comme « possédé du démon » (p. 251) convainc le petit fonctionnaire d'acheter un manteau neuf et l'amène à en faire son unique raison de vivre.

Le diable, menteur et père du mensonge

Il est clair que, dans « Le Portrait », le diable ment et trompe les hommes en se faisant passer pour un usurier : il joue un rôle traditionnel d'imposteur. Ce rôle est plus insidieux dans les autres nouvelles.

• « La Perspective Nevski ».

La fin de cette nouvelle, « quand le démon lui-même allume les lampes uniquement pour faire voir les choses autres qu'elles ne sont » (p. 91), entraîne à la relire en fonction du mensonge que Satan répand dans le monde.

Ainsi, la longue description d'ouverture de « La Perspective Nevski » révèle une humanité qui prend l'accessoire (des moustaches, une robe) pour l'essentiel et en tire vanité. Le « manteau chatoyant » qui attire Piskariov chez sa belle fait partie de ces accessoires. Certes, le rêve que fait Piskariov après sa première visite à l'inconnue le conduit à une prise de conscience de l'action du diable. Devant « l'extraordinaire bigarrure » de la foule, dans l'hôtel particulier où il se trouve en rêve, « il lui semblait que quelque démon avait émietté le monde » (p. 62). Pourtant, il se laisse éblouir par tout ce qui brille : « un lampadaire éclatant » (p. 62), « la rampe étincelante » (p. 62), jusqu'au « lumineux regard » (p. 64) de la jeune inconnue. Le démon lui fait donc prendre, à lui aussi, le fragment pour le tout et l'éclat pour l'être.

• Les autres nouvelles

Le narrateur revient explicitement sur l'action du diable, père du mensonge dans « Le Manteau » à propos du « personnage considérable » : « Mais il se trouve toujours des gens pour attacher de l'importance à des choses qui n'en ont aucune » (p. 265). En l'occurrence, il s'agit de sa nouvelle fonction, qui lui vaut d'être appelé « Excellence ».

Or, il est possible d'interpréter l'importance excessive que de nombreux personnages des nouvelles accordent au grade et aux décorations comme le résultat d'une influence diabolique. Ainsi, selon le théologien Paul Evdokimov[1], les personnages de Gogol ne seraient pas uniquement des types sociaux ou psychologiques mais des types métaphysiques.

Après avoir attribué à Pirogov, dans « La Perspective Nevski », une formule biblique (Ecclésiaste) : « Ah là là, vanité des vanités, tout est vanité ! Me voilà lieutenant : et puis après ? », le narrateur ajoute : « il était secrètement très flatté de cette nouvelle dignité » (p. 78).

Poprichtchine, héros du « Journal d'un fou », en finissant par se prendre pour le roi d'Espagne, devient malgré lui un imposteur. Il en arrive à succomber au péché d'orgueil, méprisant les autres : « J'ai regardé toute cette vermine administrative » (p. 190). Pourtant toujours lucide, Poprichtchine condamne l'« ambition illimitée » des « pères de famille gradés » (p. 192). Celle-ci les conduirait à vendre jusqu'à « Dieu lui-même », donc à se vouer à Satan. Elle proviendrait de ce qu'ils ont sous la luette un vermisseau... Or, selon Vladimir Nabokov[2], Gogol, par l'image du vermisseau, exprimerait l'aversion des « bons Russes » envers les « créatures fuyantes, rampantes, visqueuses » et donc la phase embryonnaire des êtres, identifiée au diable.

Kovaliov, héros du « Nez », paraît se contenter d'impostures minimes : « Même, pour se donner plus de poids, il se faisait toujours appeler : Monsieur le Major » (p. 206). Après son aventure, il s'achète un « ruban de je ne sais plus quel ordre » (p. 232). Ce qui apparaît comme moins anodin, selon le narrateur, c'est la primauté que Kovaliov attribue à son grade sur sa personne : « Il pardonnait à la rigueur les attaques dirigées contre sa personne, mais n'admettait aucun manque de respect envers son grade ou son état » (p. 219). La partie et l'apparence se substituent au tout.

1. P. Evdokimov, *Gogol et Dostoïevski*, Desclée de Brouwer, Paris, 1961.
2. V. Nabokov, *Nikolaï Gogol* (1945), trad. fr., La Table Ronde, Paris, 1953.

La possession et la destruction des êtres : le diable, ennemi du genre humain

Certains comportements anormaux ont été souvent assimilés par la tradition chrétienne à des cas de « possession diabolique ». Cette tradition, combattue actuellement par l'Église, se fonde sur certaines paraboles du Nouveau Testament concernant des possédés.

La possession se manifeste essentiellement par des actes ou des paroles sacrilèges. Or, dans les *Nouvelles de Pétersbourg*, les aventures de certains personnages peuvent être interprétées comme des cas de possession allant jusqu'à la destruction de soi-même ou d'autrui.

C'est dans « Le Portrait », où le diable est le plus impliqué, que les cas de possession sont les plus explicites. Tchartkov, dès qu'il a retrouvé le tableau représentant l'usurier est pris d'une « envie » destructrice qui le fait ressembler à un possédé : « Dès qu'il voyait une œuvre marquée au sceau du talent, [...] il grinçait des dents et la dévorait d'un œil de basilic » (p. 137). À ses actes, d'abord sacrilèges contre l'art (il lacère des tableaux), s'ajoutent des « paroles empoisonnées », « d'éternels anathèmes ». Son agonie, enfin, ressemble à celle d'un possédé : « Par moments, plusieurs personnes n'arrivaient pas à le tenir » (p. 138). Halluciné, il ne profère que d'« abominables lamentations ».

Le destin du portraitiste de l'usurier diabolique prend un tour analogue avant qu'il ne trouve son salut dans un monastère. L'envie le pousse, lui aussi, à des comportements destructeurs : « Il faillit battre ma mère, chassa tous les enfants, brisa ses pinceaux, son chevalet » (p. 155). Il finit par se persuader que « son pinceau avait servi d'arme au démon » en « inspirant des impulsions diaboliques » aux hommes (p. 158).

Le lecteur peut aussi expliquer par la possession diabolique le sort de Piskariov, héros de « La Perspective Nevski », du « fou » Poprichtchine et d'Akaki Akakiévitch, héros du « Manteau ».

La description du cadavre de Piskariov est celle d'un possédé : « Les bras convulsivement contractés et le visage atrocement déformé » (p. 74). Il vient de se suicider, péché absolu pour la religion chrétienne, celle de Gogol. Il a en effet substitué sa volonté à celle de Dieu, donc une volonté pervertie par Satan.

Sans aller jusqu'au suicide, Akaki agonise dans une folie qui rappelle la possession diabolique : « Tantôt il blasphémait de si furieuse façon que sa logeuse se signait, interdite » (p. 270). Le signe de croix de la logeuse apparaît comme une riposte à Satan. Dès lors, le « rictus » d'Akaki fantôme pourrait le placer du côté du diable.

Le démon mesquin : la trivialité, arme du diable

Certes, Gogol, comme nous l'avons vu ci-dessus, identifie au mal des comportements que toute morale réprouve : la soif excessive de l'or et de la gloire, le mensonge, l'envie, la haine « inspirant la soif cruelle d'humilier, d'opprimer son prochain » (p. 162). S'y ajoute le suicide, condamné par la morale chrétienne. Mais l'originalité de Gogol est aussi de montrer le caractère meurtrier, directement ou insidieusement, d'une vie engluée dans l'automatisme et la trivialité (*pochlost*, en russe).

Selon des interprétations religieuses comme celles de Mérejkovski[1] et Evdokimov, mais aussi selon Nabokov, la nature du mal tel que Gogol le voit n'a rien de grandiose. C'est par notre platitude et notre mesquinerie que le diable nous pervertit.

Ainsi, dans « La Perspective Nevski », les petites vanités du lieutenant Pirogov, celles des promeneurs, leurs petites satisfactions (exhiber ses vêtements, se consoler en mangeant des gâteaux) font clairement le jeu du diable. Dans « Le Portrait », l'influence du diable ressurgit alors que le peintre, grisé par les succès, a dégénéré dans la médiocrité : « [...] et il connut cette affreuse torture qui ronge parfois les talents médiocres quand ils essaient vainement de dépasser leurs limites » (p. 137).

Dans « Le Journal d'un fou », « Le Nez » et « Le Manteau », Gogol livre au lecteur les fragments de vie de petits fonctionnaires. Or, selon l'interprétation religieuse déjà mentionnée,

1. Mérejkovski, *Gogol et le diable* (1906), trad. fr., Gallimard, Paris, 1939.

ce sont des exemples de la stratégie du mal prenant possession des âmes par de petits travers. Telles sont la jalousie, la vanité, pour Poprichtchine comme pour Kovaliov ou le « personnage considérable » du « Manteau ».

À des hommes comme Tchartkov, Kovaliov, Akaki, manque une attention effective à autrui. Or, d'un point de vue religieux, on peut y voir un manque d'attention envers l'âme, celle des autres et la leur, donc envers Dieu, la source de toute vie spirituelle.

19 Lectures biographiques et psychanalytiques

Certains critiques ont expliqué les *Nouvelles de Pétersbourg* en s'appuyant sur la vie de Gogol. Les uns, des biographes, ont vu dans l'ensemble des nouvelles ou dans telle nouvelle l'expression de souvenirs ou de tourments personnels de l'homme Gogol. D'autres, inspirés par les travaux de Freud et la psychanalyse, ont analysé les œuvres de Gogol, et les *Nouvelles de Pétersbourg* en particulier, comme les confessions d'un moi complexé.

Cependant, il convient d'être très prudent devant les relations que les commentateurs établissent entre l'œuvre, ses personnages et l'auteur en tant qu'homme privé. Certes, le recours à des faits attestés de la biographie permet parfois d'éviter des interprétations abusives. Pourtant, le simple respect de la vie privée, comme l'incertitude qui touche notre connaissance du moi inconscient d'un auteur, imposent des limites à ces lectures biographiques et surtout psychanalytiques.

LECTURES BIOGRAPHIQUES

L'ensemble des *Nouvelles de Pétersbourg* et la vie de Gogol

Les *Nouvelles de Pétersbourg* narrent la vie d'artistes ou de fonctionnaires aux prises avec des difficultés liées à la ville même de Pétersbourg. Or, une confrontation entre les nouvelles et les lettres de Gogol autorise à identifier une part de souvenirs vécus dans ces œuvres.

Gogol quitta son Ukraine natale, ensoleillée, pour les brumes de Pétersbourg en 1828, à dix-neuf ans, pour conquérir la gloire littéraire. Il a enregistré ses impressions dans ses lettres : un éblouissement devant la magnificence architecturale de la ville, ses théâtres, ses vitrines, son animation, puis le désenchantement face au coût de la vie.

Gogol, écrivain débutant, a vécu dans la même précarité que les jeunes peintres Piskariov, héros de « La Perspective Nevski » et Tchartkov, héros de la première partie du « Portrait ». Aussi, dans ces deux nouvelles, le détail réaliste, concret, est-il choisi et décrit en connaissance de cause. On ne peut douter de l'authenticité des petits faits, même s'ils s'associent à des récits romantiques ou fantastiques. Gogol a connu les mansardes insalubres, le dénuement, l'angoisse du loyer à payer. Comme l'a rappelé un de ses grands biographes français, Henri Troyat, Gogol a souffert à la fois de la pauvreté et de l'exclusion sociale qu'elle impliquait : dans la capitale, la pauvreté apparaissait en effet « comme une maladie[1] ».

Cette pauvreté était partagée par les petits fonctionnaires, statut qui fut également celui de Gogol lui-même. En effet, pour régler ses dettes familiales, pour gagner sa vie et celle de sa famille, Gogol, dut accepter, le 15 novembre 1829, un emploi au ministère de l'Intérieur, avec un traitement plus que modeste. Gogol connut donc de près la détresse d'autres héros de ses nouvelles, d'Akaki, héros du « Manteau », de Poprichtchine, héros du « Journal d'un fou ».

« Le Manteau »

On ne saurait comparer entièrement Gogol à Akaki Akakiévitch, copiste devenu automate dans son métier et dans sa vie quotidienne. Mais les témoignages sur les sources du « Manteau » et les lettres de Gogol à sa mère – 1829 et 1830 – empêchent le lecteur de réduire l'histoire d'Akaki à un jeu et Akaki lui-même à une simple caricature.

D'abord, il est significatif que Gogol soit parti d'une anecdote qu'il a ensuite transformée dans sa nouvelle : de l'histoire d'un petit fonctionnaire affligé par la perte d'un fusil de chasse, il a fait celle d'Akaki, poussé à la mort après le vol de son manteau. Gogol a donc remplacé un objet de luxe par un objet de première nécessité.

---

1. Henri Troyat, *Gogol*, Flammarion, Paris, 1971, p. 59.

Or, par cette transformation, l'auteur a attribué à son héros sa propre misère d'ancien fonctionnaire. Il s'est rappelé comment il a « traversé toute la mauvaise saison, dans un manteau d'été » (lettre du 2 avril 1830, à sa mère). Le manteau d'Akaki ressemble au manteau « élimé et usé » de Gogol lui-même, en 1829-1830. Aussi ne parle-t-il pas à la légère du froid comme d'un « puissant ennemi » (p. 244).

Étant donné ces rapprochements entre la vie d'Akaki et celle de Gogol, nous ne pouvons, semble-t-il, refuser toute pitié de l'écrivain pour son héros. Plus particulièrement, nous ne pouvons lire le passage (p. 240) où un jeune homme prend pitié de l'humble fonctionnaire, raillé par ses collègues, comme une simple parodie du pathétique humanitaire.

« Le Portrait »

Pour certains biographes, russes[1] ou français[2], « Le Portrait » constituerait un document psychologique précieux sur Gogol. Cette nouvelle exprimerait le tourment essentiel de l'homme et de l'écrivain, tourment dû au divorce entre ses idéaux esthétiques et ses œuvres. Ces biographes se fondent sur des lettres de Gogol lui-même.

Gogol s'était donné pour but de concilier la beauté idéale et la vérité de l'observation. Or, il n'a pu produire que des œuvres dérangeantes, dans la mesure où elles étaient tournées vers la réalité la plus triviale. Dans ses lettres sur les *Âmes mortes*, Gogol répond à ceux qui l'accusent de se moquer de son pays et de l'humanité en confessant les limites de son talent. Selon ses propres dires, Gogol n'aurait su exprimer que « la trivialité (*pochlost*) de l'homme trivial », qu'il attribuait à sa propre « âme ».

Cette confession a conduit les biographes cités à interpréter le portrait (tableau représentant l'usurier) et la description que Gogol fait de ce tableau – avec ses « yeux humains » (p. 105), trop humains ? – comme une représentation de l'œuvre de Gogol elle-même.

Boris de Schloezer va jusqu'à commenter cette nouvelle et même toutes les nouvelles comme les émanations d'une « âme morte ». Gogol, refermé sur lui-même, incapable

1. N. Kotliarevski, *Nicolas Gogol*, Saint-Pétersbourg, 1911 (en russe).
2. Boris de Schloezer, Gogol, L'Herne, Paris, 1972.

de « vivre autrui », aurait peint les autres comme des marionnettes, des âmes mortes. Cette lecture n'est pas tout à fait fausse, car Gogol s'est montré effectivement égocentrique dans sa vie. Elle peut cependant être compensée par la réflexion sur l'art que propose aussi « Le Portrait[1] ».

LECTURES PSYCHANALYTIQUES

C'est Ermakov[2], disciple de Freud en Russie, qui inaugura en 1922 les lectures psychanalytiques des œuvres de Gogol. Selon ces lectures, les nouvelles seraient des confessions, libératrices de forces obscures, inconscientes chez Gogol lui-même. Ces lectures ont des limites.

Les *Nouvelles de Pétersbourg* comme projection des complexes de Gogol

Ermakov et ses successeurs ont pris pour point de départ le destin tragique de Gogol. En proie à des conflits intimes et à des tourments incessants, celui-ci mourut prématurément à quarante-trois ans, ou plutôt se laissa mourir. Ermakov attribue cette tragédie à deux facteurs essentiels.

Le premier facteur serait un « complexe du père ». À la mort de son père, homme faible mais en même temps représentatif de l'autorité, Gogol aurait accentué chez lui-même deux tendances opposées : une tendance à se rabaisser (auto-humiliation) et une tendance à se glorifier (auto-exaltation).

Le second facteur consisterait en l'existence de rapports « œdipiens » entre Gogol et sa mère. L'attirance sexuelle inconsciente et refoulée de Gogol pour sa mère serait à l'origine chez l'auteur d'un « complexe de castration » (angoisse liée à la menace imaginaire d'une suppression du membre viril).

---

1. Voir le chapitre 14.
2. Ermakov, *Essai d'analyse de l'Œuvre de N. V. Gogol*, Moscou-Pétrograd, Éditions d'État, 1922 (en russe).

« Le Manteau » exprimerait le complexe du père et « Le Nez » le complexe de castration.

• « Le Manteau »

Le dénouement fantastique du « Manteau » pourrait trouver une interprétation psychanalytique. Akaki, devenu fantôme, se venge du vol de son manteau et de l'indifférence des autres en volant les manteaux des Pétersbourgeois. Ce faisant, il « sème la terreur » (p. 273). Or, selon certaines lectures psychanalytiques, les actes d'Akaki fantôme pourraient être interprétés comme le surgissement ou le « défoulement » des tendances agressives de Gogol. Le dénouement exalterait la victoire de l'auto-exaltation sur l'auto-humiliation, exprimée, elle, par la situation d'Akaki de son vivant : un « souffre-douleur » (p. 271).

« Le Manteau » libérerait également une excitation sexuelle. Ermakov fait observer qu'Akaki et le « personnage important » perdent leur manteau à un grand moment d'excitation. Effectivement, Akaki éprouvait la même passion pour son manteau que pour une femme (p. 253), et l'« Excellence » s'apprête à rejoindre sa maîtresse.

• « Le Nez »

C'est cette nouvelle qui a suscité le plus de commentaires psychanalytiques.

La phrase de Kovaliov a suffi à déclencher les commentaires : « Mais, sans nez, un homme n'est plus un homme ; c'est un rien qui vaille, bon à jeter par la fenêtre » (p. 220). Les multiples plaintes du major sur l'impossibilité de se présenter chez les dames sans « cet organe apparent » (p. 216) confirment cette phrase-clé.

À partir de là, l'aventure de Kovaliov a été interprétée comme l'expression d'un « complexe de castration » de Gogol.

« Le Nez » exprimerait à la fois un désir et une peur, chez Kovaliov et chez Gogol. D'une part, Gogol aurait projeté dans son héros et dans le nez en uniforme (donc considérablement agrandi) le désir refoulé d'exhiber un organe sexuel puissant. D'autre part, Kovaliov incarnerait la peur du sexe chez Gogol : la peur d'être privé de son organe et la peur de l'utiliser. Ainsi, la dérobade de Kovaliov devant le mariage serait l'écho d'un complexe de castration de Gogol.

Cette peur du sexe chez Gogol a poussé les adeptes de la lecture psychanalytique des œuvres de l'auteur vers des déductions diverses sur sa sexualité.

Les *Nouvelles de Pétersbourg* et la sexualité de Gogol

Le lecteur peut remarquer que tous les héros des nouvelles, peintres, fonctionnaires ou militaires, sont célibataires. Un seul se distingue : le père du peintre B***, dans « Le Portrait ». Mais cette exception confirme la règle, dans la mesure où presque rien n'est dit sur la femme de ce peintre. De même, les personnages féminins, la jeune prostituée de « La Perspective Nevski », la fille du directeur dans « Le Journal d'un fou », sont idéalisés physiquement par les héros, puis dépréciés moralement et intellectuellement.

Le célibat de ses héros a été rapproché de celui de Gogol lui-même, ou du moins de l'absence de femme aimée ou désirée dans sa vie. Quelques hypothèses ont été émises à ce sujet :

1. Pour certains critiques, comme Ermakov, le célibat (de Gogol, donc de ses héros) proviendrait d'un attachement trop fort pour la mère. Ainsi, l'appel enfantin à la mère, qui s'élève à la fin du « Journal d'un fou », serait à lire comme le désir d'un retour dans le ventre maternel. En effet, l'appel « Maman ! Prends en pitié ton petit enfant malade ! » (p. 198) peut apparaître comme l'expression d'une régression infantile. Ce serait un écho du stade infantile auquel la sexualité de Gogol serait restée.

2. Le célibat a été expliqué également par le traumatisme qu'aurait provoqué chez Gogol la fréquentation prématurée d'une prostituée. Cette hypothèse a été étayée par une lettre de Gogol à sa mère. Mais, comme l'a montré Henri Troyat, rien ne prouve la réalité du fait lui-même, Gogol mentant volontiers. Rien ne prouve donc que la prostituée de « La Perspective Nevski » réponde au souvenir d'une femme réelle.

3. Les peurs et les échecs des héros de Gogol seraient à rapporter à l'impuissance sexuelle de l'auteur. Cette hypothèse n'a pu être vérifiée non plus.

4. Enfin, récemment, Simon Karlinski[1] et, après lui, Georges Nivat (p. 35) ont expliqué la solitude et les frustrations de Gogol et de ses héros par une homosexualité rentrée de l'auteur. Mais celle-ci reste hypothétique.

Les limites des lectures psychanalytiques

Relier des thèmes comme l'idéalisation de la femme ou un motif comme le nez à la seule individualité de Gogol, c'est oublier la littérature à la mode, en Russie et en Europe.

Dans « La Perspective Nevski », les rêves idéalistes de Piskariov s'apparentent à ceux de nombreux héros de la littérature romantique. De même, la figure de la prostituée, ange déchu, était fréquente.

Le « motif nasal » lui-même n'était pas particulier à Gogol. Ainsi, Vladimir Nabokov se distingue des freudiens, même s'il admet que la hantise du nez parcourt l'œuvre de Gogol[2]. En fait, une lecture psychanalytique qui remonte vers l'auteur en tant qu'homme se révèle discutable :

1. Elle exige des compétences en psychanalyse.
2. Elle analyse l'auteur dans une situation qui n'a rien à voir avec celle du divan du psychanalyste. Fondée sur des témoignages écrits, le plus souvent d'un auteur mort, elle ne peut être qu'hypothétique.
3. Elle est réductrice : elle ramène une œuvre littéraire à un document psychologique.
4. Que l'écrivain soit mort ou vivant, une lecture psychanalytique doit s'arrêter là où commence une violation possible de l'intimité.
5. Et comment déceler, dans un texte, la part exacte de l'inconscient ?

Les détours biographiques et psychanalytiques, extra-littéraires, ne peuvent jamais se substituer à l'essentiel, le texte comme œuvre littéraire.

---

1. S. Karlinski, *Le Labyrinthe sexuel de Nicolas Gogol*, Université de Harvard, 1976 (en anglais).
2. Voir le chapitre 20.

20 Le sens du « Nez »

« Le Nez » apparaît comme la nouvelle la plus déconcertante, voire la plus énigmatique, de Gogol. En effet, cette illustration exemplaire du procédé de l'absurde[1] a-t-elle un sens ? En fait, ce n'est pas un seul sens que cette nouvelle aurait, mais plusieurs, si l'on en croit les interprétations multiples qu'elle a suscitées.

Comme toutes les *Nouvelles de Pétersbourg*, « Le Nez » est susceptible d'une lecture sociologique[2]. En effet, l'histoire de Kovaliov est située, ancrée dans la réalité pétersbourgeoise contemporaine à Gogol.

« Le Nez » est également au centre de lectures psychanalytiques qui ont fait des *Nouvelles de Pétersbourg* des confessions de Gogol sur sa sexualité[3].

Mais, de manière plus spécifique, « Le Nez » peut être encore lu de trois façons : comme un jeu littéraire, comme une satire de la trivialité et comme une prédiction de l'Apocalypse.

« LE NEZ », JEU LITTÉRAIRE

Le lecteur peut, bien évidemment, suivre l'interprétation purement littéraire que Gogol narrateur attribue lui-même à sa nouvelle. À la fin du récit, le narrateur rappelle les détails « inconcevables » de l'aventure de Kovaliov, c'est-à-dire la « disparition, vraiment surnaturelle, du nez », sa « réapparition [...] sous forme de conseiller d'État », la démarche de Kovaliov auprès des journaux et, dès le début, la découverte de l'organe « dans un pain frais ». Il en déduit ceci : « Non, cela ne tient pas debout, je ne le

1. Voir le chapitre 11.
2. Voir le chapitre 4.
3. Voir le chapitre 19.

comprends absolument pas... Mais, ce qu'il y a de plus étrange, de plus extraordinaire, c'est qu'un auteur puisse choisir de pareils sujets... » (p. 232-233.)

Deux répliques de personnages annoncent cette explication de la nouvelle comme un jeu de l'auteur. En effet, l'employé du bureau des annonces et un « monsieur » de la société bien-pensante qualifient l'histoire de Kovaliov d'un même mot « sornette » (p. 216 et 229). On peut aussi supposer que la dernière réaction de l'employé, conseillant la publication de l'histoire par un « habile écrivain » annonce ce que dira Gogol de l'étrangeté de son « sujet ». L'employé s'écrie : « Mieux vaudrait soumettre le cas à un habile écrivain : il le présentera comme un jeu bizarre de la nature [...] » (p. 217).

Plus habile encore, cependant, Gogol présente l'aventure, non comme un jeu de la nature, mais comme un jeu d'écrivain. Le tout dernier paragraphe, par son style heurté, ne fait que confirmer, au moyen de l'absurde, le jeu que Gogol propose au lecteur : « Et cependant, malgré tout, bien que, certes, on puisse admettre et ceci, et cela, et encore autre chose, peut-être même... et puis enfin quoi, où n'y a-t-il pas d'incohérences ? [...] des aventures comme cela arrivent en ce monde, c'est rare, mais cela arrive » (p. 233).

Gogol, semble-t-il, se joue du lecteur, comme il s'est joué de la logique du récit !

Selon des commentateurs comme Vladimir Nabokov, le motif nasal lui-même serait un « procédé littéraire dans lequel entre un humour pesant de carnaval (en général) et les plaisanteries russes concernant le nez (en particulier[1]) ». Nabokov ne fait qu'une « concession aux freudiens » : « Le nez en tant que nez » était « un élément comique (comme dans l'esprit de tous les Russes) [...], quelque chose de singulièrement et grotesquement masculin ». Gogol se serait donc amusé avec un motif comique répandu en Russie.

Pour Georges Nivat, on peut voir certes dans « Le Nez », une signification sexuelle. Mais celle-ci resterait très générale,

---

1. V. Nabokov, *Nikolaï Gogol*, coll. « 10/18 », Gallimard, Paris, 1971, p. 14-15.

donc ne serait pas spécialement applicable à la vie de Gogol. Il penche, lui aussi du côté d'une lecture du « Nez » comme jeu. En effet, autour de Gogol, « la nasologie était un thème journalistique à la mode » (p. 25).

« LE NEZ », SATIRE DE LA TRIVIALITÉ (*POCHLOST*[1])

Avant d'être publié par *Le Contemporain*, revue dirigée par Pouchkine, « Le Nez » fut refusé par le comité de rédaction de *L'Observateur moscovite* comme « sale et trivial ».

Sans jugement de valeur, Georges Nivat définit aussi « Le Nez » comme « une greffe d'absurde sur du trivial » (p. 26). Il précise d'ailleurs que « les héros du récit appartiennent au type trivial, non au type romantique » (p. 27).

Déjà, en effet, si « Le Nez » exploite le thème romantique du dédoublement, c'est sous une forme dégradée, triviale. Aucun écrivain romantique n'avait imaginé un appendice nasal se détachant de son propriétaire et se métamorphosant en haut fonctionnaire !

D'une façon générale, on peut lire « Le Nez » comme un condensé de toutes les formes du trivial. Dès le début, Gogol provoque le lecteur par la manière même dont il décrit le nez que le barbier trouve dans son pain : « Il aperçut alors, à sa grande surprise, un objet blanchâtre au beau milieu » (p. 202). Ici, Gogol manifeste lui-même un aspect de la *pochlost*, le mauvais goût !

C'est pour mieux dénoncer ensuite la trivialité de ses personnages. D'abord, Kovaliov, le héros de l'aventure, désireux de retrouver son nez – ce qui en soi est légitime – sera animé essentiellement par la vanité, sentiment médiocre. C'est cette vanité qu'il satisfera une fois qu'il aura récupéré son nez. Gogol nous fait imaginer cette médiocrité satisfaite par cette seule phrase : « Depuis lors, le major Kovaliov se fait voir partout, à la promenade comme au théâtre » (p. 232). La locution verbale « se faire voir » exprime bien une vie superficielle, sans richesse intérieure.

---

1. Voir le chapitre 8.

Mais, à travers d'autres personnages du « Nez », supports satiriques de la société, Gogol propose une satire plus générale de la médiocrité intellectuelle et morale.

L'employé du bureau des annonces incarne plutôt des capacités intellectuelles limitées. Gogol, après l'avoir ridiculisé par ses gestes (il prise du tabac, il s'essuie le nez), dénonce sa sottise à travers ses propos. Ainsi, l'employé offre une prise de tabac à un homme sans nez ! Puis, jouant sentencieusement au médecin, il bute sur du trivial : « Cela calme les maux de tête et dissipe les humeurs noires ; c'est même excellent contre les hémorroïdes » (p. 218).

Gogol, de façon similaire, oppose le ton solennel du commissaire (« on ne procède point à des enquêtes aussitôt après dîner », p. 219) aux seuls centres d'intérêt réels et médiocres de sa vie : la sieste et les billets de banque.

À travers les réactions des gens de la haute société à l'aventure de Kovaliov, Gogol dénonce plus généralement la platitude et même le vide de nombreuses existences. Il raille aussi bien les mondains « à court d'anecdotes », faute d'intérêts plus élevés, que les « personnes bien-pensantes », incapables d'agir par elles-mêmes. Ainsi, « un monsieur » se plaint qu'on répande des sornettes et demande l'intervention du gouvernement. Le rire de Gogol le rabaisse en fin de phrase : « Le monsieur appartenait à la catégorie des individus qui voudraient voir le gouvernement intervenir partout, même dans les disputes qu'ils ont journellement avec leurs femmes » (p. 229).

« LE NEZ », PRÉDICTION DE L'APOCALYPSE

« Le Nez » a même donné lieu à une lecture religieuse.

Selon le théologien Paul Evdokimov[1], les œuvres de Gogol annonceraient l'Apocalypse. Plus précisément, le monde fragmenté que Gogol révèle préfigurerait notre monde atomisé et déjà le chaos qui précède le règne de Dieu sur terre dans l'Apocalypse de Jean.

---

1. P. Evdokimov, *Gogol et Dostoïevski ou la descente aux Enfers*, Desclée de Brouwer, Paris, 1961.

Evdokimov propose une interprétation religieuse du « Nez » en se fondant sur la date choisie par Gogol, le jour de l'Annonciation, et sur la première version de ce récit. Gogol y faisait entrer le Nez-personnage dans la cathédrale Notre-Dame de Kazan.

L'« Annonciation » suggérerait une prophétie. Aussi, dans la venue du « Nez » à Pétersbourg, leurrant les habitants, Evdokimov voit-il la prédiction de la venue de l'Antéchrist, faux Christ, incarnation du diable, à la fin des temps.

Dans la réponse du « Nez » à Kovaliov, « nous appartenons à des administrations différentes » (p. 210), le théologien perçoit l'annonce par Gogol du passage imperceptible de notre monde vers « une autre administration ». Gogol, ainsi, prophétiserait la déchristianisation de la Russie à l'époque soviétique : « Après Saint-Pétersbourg et sa cathédrale de Kazan, le Nez pourra bien traverser les immensités de la terre russe, prendre possession de l'univers et transformer ses cathédrales en musées d'un passé révolu. » Plus généralement, Evdokimov interprète « Le Nez » comme une prophétie de l'athéisme généralisé, préférant à l'immortalité de l'âme la « perpétuation sur terre ». Le diable a besoin de supports pour agir et se perpétuer sur terre, or le Nez-personnage pourrait incarner un de ces supports.

Au lecteur de choisir entre ces interprétations pour donner du sens au « Nez ». Du reste, elles ne s'excluent pas mutuellement.

ÉLÉMENTS DE BIBLIOGRAPHIE

Ouvrages généraux

– *Histoire de la littérature russe* en sept volumes sous la direction d'E. Etkind, G. Nivat, I Serman et V. Strada, Fayard, Paris. Voir le volume *L'époque de Pouchkine et de Gogol*, 1996.
– BACKÈS J.-L., *La Littérature européenne*, Belin, Paris, 1996. Voir le chapitre « Humour et fantastique ».
– BONAMOUR Jean, *Le Roman russe*, PUF, Paris, 1978. Un ouvrage synthétique qui va à l'essentiel.
– BONAMOUR Jean, *La Littérature russe*, PUF, coll. « Que sais-je ? », Paris, 1992. Bonne vue d'ensemble de la littérature russe.
– LO GATTO E., *Histoire de la littérature russe des origines à nos jours*, trad. M. et A.-M. Cabrini, Desclée de Brouwer, Paris, 1965. Un ouvrage classique et complet.
– TODOROV T., *Introduction à la littérature fantastique*, Le Seuil, Paris, 1970. Réédité dans la collection « Points », n° 73.

Éditions des *Nouvelles de Pétersbourg* en français

– *Œuvres complètes de Gogol*, Gallimard, Paris, 1966, coll. « Bibliothèque de La Pléiade » sous la direction de Gustave Aucouturier. Édition complète assortie d'un important appareil critique.
– *Le Journal d'un fou, Le manteau et autres nouvelles*, Gallimard, coll. « Folio », n° 1100, Paris, 1979. Préface de G. Nivat. Une brève et brillante synthèse.
– *Le Journal d'un fou, Le Nez, Le Manteau*, Gallimard, coll. « Folio bilingue », n° 6, Paris, 1990. Préface de F. Flamant.

Ouvrages sur Gogol

– EIKHENBAUM B., « Comment est fait Le Manteau de Gogol » (1918), dans *Théorie de la littérature.* Textes des formalistes russes réunis, présentés et traduits par Tzvetan Todorov. Le Seuil, Paris, 1965. Très célèbre article brillant et discutable. Un classique de la critique formaliste.
– KARLINSKY S., *The Sexual Labyrinth of Nikolaï Gogol*, Harvard University, 1976.
– MEREJKOVSKY D., *Gogol et le diable*, Gallimard, Paris, 1939.
– NABOKOV V. , *Nikolaï Gogol*, La Table ronde, Paris, 1953. Réédité dans la collection « 10/18 », n° 629, 1971. Ouvrage percutant et paradoxal qui aborde de façon très intéressante le problème de la représentation.
– SINIAVSKI A. (Pseudonyme A. Terc), *Dans l'ombre de Gogol* (traduit du russe par G. Nivat), Le Seuil, Paris, 1978. Ouvrage très riche et original.
– TROYAT H., *Gogol*, Flammarion, Paris, 1971.

INDEX DES THÈMES ET DES NOTIONS

(Les références renvoient aux pages du Profil.)

Achevé d'imprimer sur les presses de la Société Nouvelle Firmin-Didot
Dépôt légal n° 10708 - août 1998
N° d'impression : 43746